整治形式主义为基层减负

规定手册

（含典型案例）

中国法治出版社

编辑说明

形式主义、官僚主义是顽瘴痼疾，必须下大力气坚决纠治。基层是贯彻落实党中央决策部署的“最后一公里”，不能被形式主义、官僚主义束缚手脚。2024年8月，中共中央办公厅、国务院办公厅印发《整治形式主义为基层减负若干规定》（以下简称《若干规定》）。《若干规定》为深化拓展整治形式主义为基层减负工作提供了重要制度遵循，是健全全面从严治党体系的重要举措。

本书主要包括《若干规定》内容介绍、常用知识速记、相关规定等部分，供广大读者学习和了解《若干规定》的主要内容、相关知识要点以及制度规定。同时，为了发挥案例的警示作用，本书还收录了一些典型案例，以使党员干部深刻认识整治形式主义的重要性，以及“减负”不是“减责任”“减担当”，引导党员干部培育求真务实、真抓实干的作风。本书有规范、有案例，内容详细，非常实用。

由于编写水平有限，书中的疏漏和不足之处，敬请读者批评指正！

目　录

一、《若干规定》内容介绍[①]

（一）《若干规定》出台的背景和意义

以习近平同志为核心的党中央始终高度重视整治形式主义为基层减负，将其作为党的作风建设的重要内容、关心关爱基层的重要举措。党的十九大以来，在习近平总书记亲自部署推动下，建立中央层面整治形式主义为基层减负专项工作机制（以下简称专项工作机制），采取一系列有力措施，取得了明显成效。同时要清醒地看到，形式主义、官僚主义之弊非一日之寒，从根子上减轻基层负担也非一日之功，要常抓不懈、久久为功。党的二十届三中全会对持续深化拓展整治形式主义为基层减负作出部署，明确提出要健全为基层减负长效机制。为贯彻落实党的二十届三中全会精神和习近平总书记关于整治形式主义为基层减负重要指示精神，以深化拓展整治形式主义为基层减负的实际行动和成效，为进一步全面深化改革、推进中国式现代化提供坚强作风保证，制定了《若干规定》。

---

① 参见中央办公厅负责人就《整治形式主义为基层减负若干规定》答记者问，载新华网，http：//www. news. cn/politics/zywj/20240819/a72be9e4880e42038c45ce8295bb3fc4/c. html，最后访问时间：2025 年 3 月 21 日。

制定出台《若干规定》，为深化拓展整治形式主义为基层减负工作提供重要制度遵循，是健全全面从严治党体系的重要举措。

一是充分体现了党中央一以贯之、全面从严整治形式主义为基层减负的坚定决心。党中央立足实现新时代新征程党的使命任务要求，把近年来整治工作的制度规定贯通起来，首次以党内法规形式制定出台为基层减负的制度规范，形成类似中央八项规定长期有效的铁规矩、硬杠杠，向全党全社会表明持之以恒一抓到底的鲜明态度。

二是健全了深化拓展整治形式主义为基层减负的长效机制。《若干规定》以为基层减负为落脚点，回应基层干部群众关切与期盼，聚焦“小切口”设定“硬约束”，注重细化实化措施要求，坚持定性定量相结合，压缩工作模糊空间地带，建立清晰明确的制度规范，推动整治工作在制度轨道上规范化运行。

三是鲜明树立了用改革创新的办法为基层减负赋能、激励干部担当作为的工作导向。随着整治工作不断向纵深推进，亟需破除一些深层次体制机制障碍，让基层从形式主义、官僚主义的束缚中解脱出来，有更多时间精力抓落实。

《若干规定》对统筹为基层减负和赋能作出制度性安排，有利于充分激发党员干部担当作为的积极性、主动性、创造性，为推进各项改革任务落实落地提供重要保证。

（二）《若干规定》制定的总体考虑

《若干规定》坚持以习近平新时代中国特色社会主义思想为

指导，着眼于进一步体现改革精神和从严要求，确保整治形式主义为基层减负工作始终沿着正确政治方向前进。重点把握了以下几个方面：

一是注重思想引领，全面贯彻习近平总书记关于力戒形式主义官僚主义、为基层减负的重要论述和重要指示批示精神，以整治形式主义为基层减负为主线，明确当前和今后一个时期为基层减负工作的前进方向、制度遵循。

二是注重问题导向，对当前反映强烈的以形式主义、官僚主义做法加重基层负担的突出问题，有针对性地提出加强和改进措施，作出一系列禁止性、限制性规定。

三是注重守正创新，梳理总结近年来整治形式主义为基层减负工作中的经验做法，把经过实践检验、行之有效的经验做法固化下来上升为制度规范，并着眼于破解难点堵点问题提出新的硬举措。

四是注重务实管用，建章立制上不搞长篇大论，针对突出问题提出措施要求，简洁明了、具体实在、一目了然，便于理解和执行。

五是注重协同配合，紧扣整治形式主义为基层减负作出相应规定，首尾一贯、互相呼应，并注意与现行党内法规相衔接，增强系统性、整体性、协同性。

（三）《若干规定》的主要框架和内容

《若干规定》共 7 个部分，21 条具体规定。

一是“切实精简文件”，主要规定严控文件数量、提升文件质量、加强评估审查等。

二是“严格精简会议”，主要规定严控会议数量、控制规模规格、提升质量效率等。

三是“统筹规范督查检查考核”，主要规定严格计划和备案管理、改进方式方法、严控对基层督查检查考核总量等。

四是“规范借调干部”，主要规定不向县及以下单位借调干部、严控向市及以上单位借调干部等。

五是“规范政务移动互联网应用程序管理”，主要规定清理整合面向基层的政务应用程序、严格建设管理、防止功能异化等。

六是“规范明晰基层权责”，主要规定建立健全职责清单，完善清单外事项准入制度，规范工作机制、挂牌和证明事项，依法依规确定基层信访工作职责等。

七是“规范创建示范和达标活动”，主要规定精简种类数量、注重创建示范实效、在基层不搞达标活动等。

（四）《若干规定》作出的新措施

《若干规定》坚持系统观念，强化源头治理，对当前存在的形式主义老问题新情况，在强化现行制度规定的同时，有针对性地提出了一系列新的实招硬招，推动为基层减负不断向治本深化。

比如，针对有的地方和部门对文件制发环节评估审查不严，导致在政策文件的源头上就出现加重基层负担情形等问题，作出“地方和部门制发文件应当进行与为基层减负一致性评估”

的规定，旨在要求地方和部门在政策文件的起草制发环节，同步进行与为基层减负一致性评估审查，避免出现不符合整治形式主义为基层减负要求的情形。

比如，针对有的考核体系设计繁琐、指标设置过分细化碎片化、分值过度“膨胀”，甚至出现“千分制”“双千分制”等问题，作出“考核应当化繁为简，不搞‘千分制’”的规定，旨在要求地方和部门破除传统思维、路径依赖，以考准考精考实为出发点，切实优化精简考核体系、指标和方式，强调要化繁为简，不搞“繁琐哲学”，把基层干部从繁复考核中解脱出来，把更多精力用到抓落实上。

比如，针对违规借调干部现象禁而未绝，特别是随意借调基层干部，削弱基层工作力量等问题，在以往制度规定基础上，从严作出“上级机关、单位原则上不得从县及以下单位借调干部”的规定，旨在严格规范上级机关、单位从县及以下单位借调干部，范围涵盖党政机关、群团组织、事业单位在编在岗人员，包括中小学教师等，把基层“强身”和机关“瘦身”有机结合起来。

比如，针对当前乡镇（街道）职责边界不清、权责不一致、责能不匹配等问题，作出“省级党委和政府指导本地区立足实际建立健全乡镇（街道）履行职责事项清单并开展清理规范，加强清单动态管理，推动责权一致、责能一致”的规定，旨在要求省级党委和政府在对乡镇（街道）现有权责事项进行梳理评估的基础上，进一步明确乡镇（街道）应当履行的职责事项，推动资源、服务、管理向基层下沉。强调对乡镇（街道）工作成效的衡量，要以履行职责事项清单执行情况为依据，防止部门以考核为名向基层转嫁责任。

（五）如何抓好《若干规定》的落实

党中央明确要求，各地区各部门要严格执行《若干规定》，确保《若干规定》落到实处。

一是加强学习培训。要结合学习贯彻党的二十届三中全会精神和习近平总书记关于整治形式主义为基层减负的重要指示精神，认真学习《若干规定》，把《若干规定》纳入各级党委（党组）理论学习中心组学习和各级党校（行政学院）、干部学院培训的重要内容。

二是坚持以上率下。领导机关和领导干部要发挥示范带动作用，在安排部署工作时要实事求是，党委（党组）履行好主体责任，把《若干规定》各项规定落实到各条线各领域各环节。

三是强化问题整改。要对照《若干规定》认真检视存在的突出问题，严格按照规定要求进行整改。对基层党员干部反映强烈的突出问题，要发现一个整治一个；对具有一定典型性、普遍性的问题，要集中力量开展专项整治和清理。

四是加强督促检查。专项工作机制要采取多种形式，加强督促检查，强化法规制度的刚性和约束力，对典型问题予以公开通报。

二、常用知识速记

1. 两个确立

确立习近平同志党中央的核心、全党的核心地位，确立习近平新时代中国特色社会主义思想的指导地位。

2. 两个维护

坚决维护习近平总书记党中央的核心、全党的核心地位，坚决维护以习近平同志为核心的党中央权威和集中统一领导。

3. 四个意识

政治意识、大局意识、核心意识、看齐意识。

4. 四个自信

中国特色社会主义道路自信、理论自信、制度自信、文化自信。

5. 中央八项规定

2012 年 12 月 4 日，中共中央政治局召开会议，审议通过《十八届中央政治局关于改进工作作风、密切联系群众的八项规定》，即“中央八项规定”，规定要求：

（1）要改进调查研究，到基层调研要深入了解真实情况，总结经验、研究问题、解决困难、指导工作，向群众学习、向实践学习，多同群众座谈，多同干部谈心，多商量讨论，多解剖典型，多到困难和矛盾集中、群众意见多的地方去，切忌走过场、搞形式主义；要轻车简从、减少陪同、简化接待，不张贴悬挂标语横幅，不安排群众迎送，不铺设迎宾地毯，不摆放花草，不安排宴请。

（2）要精简会议活动，切实改进会风，严格控制以中央名义召开的各类全国性会议和举行的重大活动，不开泛泛部署工作和提要求的会，未经中央批准一律不出席各类剪彩、奠基活动和庆祝会、纪念会、表彰会、博览会、研讨会及各类论坛；提高会议实效，开短会、讲短话，力戒空话、套话。

（3）要精简文件简报，切实改进文风，没有实质内容、可发可不发的文件、简报一律不发。

（4）要规范出访活动，从外交工作大局需要出发合理安排出访活动，严格控制出访随行人员，严格按照规定乘坐交通工具，一般不安排中资机构、华侨华人、留学生代表等到机场迎送。

（5）要改进警卫工作，坚持有利于联系群众的原则，减少交通管制，一般情况下不得封路、不清场闭馆。

（6）要改进新闻报道，中央政治局同志出席会议和活动应根据工作需要、新闻价值、社会效果决定是否报道，进一步压缩报道的数量、字数、时长。

（7）要严格文稿发表，除中央统一安排外，个人不公开出版著作、讲话单行本，不发贺信、贺电，不题词、题字。

（8）要厉行勤俭节约，严格遵守廉洁从政有关规定，严格执行住房、车辆配备等有关工作和生活待遇的规定。

6. 党的根本宗旨

全心全意为人民服务。

7. 新时代党的建设总要求

坚持和加强党的全面领导，坚持党要管党、全面从严治党，以加强党的长期执政能力建设、先进性和纯洁性建设为主线，以党的政治建设为统领，以坚定理想信念宗旨为根基，以调动全党积极性、主动性、创造性为着力点，全面推进党的政治建设、思想建设、组织建设、作风建设、纪律建设，把制度建设贯穿其中，深入推进反腐败斗争，不断提高党的建设质量，把党建设成为始终走在时代前列、人民衷心拥护、勇于自我革命、经得起各种风浪考验、朝气蓬勃的马克思主义执政党。

8. 党的三大优良作风

理论联系实际、密切联系群众、批评与自我批评。

9. 党的群众路线

一切为了群众，一切依靠群众，从群众中来，到群众中去，把党的正确主张变为群众的自觉行动。

10. 党的最大政治优势

密切联系群众。

11. 党执政后的最大危险

脱离群众。

12. 中国共产党人的初心和使命

为中国人民谋幸福，为中华民族谋复兴。

13. 三个务必

务必不忘初心、牢记使命，务必谦虚谨慎、艰苦奋斗，务必敢于斗争、善于斗争。

14. 党面临的“四种危险”

精神懈怠危险、能力不足危险、脱离群众危险、消极腐败危险。

15. 党面临的“四大考验”

执政考验、改革开放考验、市场经济考验、外部环境考验。

16. 作风问题本质

作风问题本质上是党性问题。抓作风建设，就要返璞归真、固本培元，重点突出坚定理想信念、践行根本宗旨、加强道德修养。

一是正确认识和处理人际关系，做到既有人情味又按原则办，特别是当个人感情同党性原则、私人关系同人民利益相抵触时，必须毫不犹豫站稳党性立场，坚定不移维护人民利益。

二是下决心减少应酬，保持健康的工作方式和生活方式，多学习充电、消化政策，多下基层调查研究、掌握第一手情况，多系统思考和解决存在的突出问题，自觉远离那些庸俗的东西。

三是实实在在做人做事，做到严以修身、严以用权、严以律己，谋事要实、创业要实、做人要实，堂堂正正、光明磊落，敢于担当责任，勇于直面矛盾，善于解决问题，不搞“假大空”。

四是对一切腐蚀诱惑保持高度警惕，慎独慎初慎微，做到防微杜渐。

17. 作风问题核心

作风问题核心是党同人民群众的关系问题。加强作风建设，必须坚持马克思主义群众观点、贯彻党的群众路线，把出发点和落脚点归结到实现好、维护好、发展好最广大人民根本利益上来，归结到为民务实清廉上来，使改进作风的过程成为贯彻执行党的理论和路线方针政策的过程，成为推动改革开放和社会主义现代化建设顺利进行的过程。

18. “四风”问题

我们必须看到，面对世情、国情、党情的深刻变化，精神懈怠危险、能力不足危险、脱离群众危险、消极腐败危险更加尖锐地摆在全党面前，党内脱离群众的现象大量存在，一些问题还相当严重，集中表现在形式主义、官僚主义、享乐主义和奢靡之风这“四风”上。

在形式主义方面，主要是知行不一、不求实效，文山会海、花拳绣腿，贪图虚名、弄虚作假。

在官僚主义方面，主要是脱离实际、脱离群众，高高在上、漠视现实，唯我独尊、自我膨胀。

在享乐主义方面，主要是精神懈怠、不思进取，追名逐利、贪图享受，讲究排场、玩风盛行。

在奢靡之风方面，主要是铺张浪费、挥霍无度，大兴土木、节庆泛滥，生活奢华、骄奢淫逸，甚至以权谋私、腐化堕落。

19. 作风问题的集中表现

党内作风问题表现多样、成因复杂，有主要矛盾和矛盾的主要方面，也有次要矛盾和矛盾的次要方面。解决问题就要抓住主要矛盾和矛盾的主要方面。形式主义、官僚主义、享乐主义、奢靡之风是作风问题的集中表现，要作为主要矛盾和矛盾的主要方面来解决。解决“四风”问题，要标本兼治，既治标又治本。治标，就是要着力针对面上“四风”问题的各种表现，该纠正的纠正，该禁止的禁止。治本，就是要查找产生问题的深层次原因，从理想信念、工作程序、体制机制等方面下功夫抑制不正之风。

20. 形式主义实质

形式主义实质是主观主义、功利主义，根源是政绩观错位、责任心缺失，用轰轰烈烈的形式代替了扎扎实实的落实，用光鲜亮丽的外表掩盖了矛盾和问题。

21. 官僚主义实质

官僚主义实质是封建残余思想作祟，根源是官本位思想严重、权力观扭曲，做官当老爷，高高在上，脱离群众，脱离实际。

22. 享乐主义实质

享乐主义实质是革命意志衰退、奋斗精神消减，根源是世界观、人生观、价值观不正确，拈轻怕重，贪图安逸，追求感官享受。

23. 奢靡之风实质

奢靡之风实质是剥削阶级思想和腐朽生活方式的反映，根源是思想堕落、物欲膨胀，灯红酒绿，纸醉金迷。

24. “四风”的后果

“四风”的后果，就是浪费了有限资源，延误了各项工作，疏远了人民群众，败坏了党风政风，最终会严重损害党的先进性和纯洁性、严重损害党的执政基础和执政地位。

25. “指尖上的形式主义”

“指尖上的形式主义”是形式主义问题在数字化背景下的变异翻新，也是加重基层负担的主要表现之一。防治“指尖上的形式主义”，事关党的形象，事关人心向背，事关国家治理体系和治理能力现代化，对于推进党风政风社会风气向上向好具有重要意义。

26. 大党独有难题

习近平总书记在二十届中央纪委二次全会上指出，全面从严治党永远在路上，要时刻保持解决大党独有难题的清醒和坚定。如何始终不忘初心、牢记使命，如何始终统一思想、统一意志、统一行动，如何始终具备强大的执政能力和领导水平，如何始终保持干事创业精神状态，如何始终能够及时发现和解决自身存在的问题，如何始终保持风清气正的政治生态，都是我们这个大党必须解决的独有难题。解决这些难题，是实现新时代新征程党的使命任务必须迈过的一道坎，是全面从严治党适应新形势新要求必须啃下的硬骨头。

27. 两个革命

我们党不仅能够领导人民进行伟大的社会革命，而且能够领导全党进行伟大的自我革命。

28. 四个自我

自我净化、自我完善、自我革新、自我提高。

29. 跳出历史周期率的答案

如何跳出历史周期率？毛泽东同志在延安的窑洞里给出了第一个答案，这就是“让人民来监督政府”；经过百年奋斗特别是党的十八大以来新的实践，党又给出了第二个答案，这就是自我革命。全面从严治党是新时代党的自我革命的伟大实践，开辟了百年大党自我革命的新境界。

30. 推进自我革命“九个以”实践要求

习近平总书记在二十届中央纪委三次全会上指出，在深入推进党的自我革命实践中需要把握好九个问题，即以坚持党中央集中统一领导为根本保证，以引领伟大社会革命为根本目的，以新时代中国特色社会主义思想为根本遵循，以跳出历史周期率为战略目标，以解决大党独有难题为主攻方向，以健全全面从严治党体系为有效途径，以锻造坚强组织、建设过硬队伍为重要着力点，以正风肃纪反腐为重要抓手，以自我监督和人民监督相结合为强大动力。

31. 两个仍然

习近平总书记在二十届中央纪委四次全会上指出，当前反腐败斗争形势仍然严峻复杂。腐败存量尚未清除，增量还在持续发生，铲除腐败滋生土壤和条件任务仍然艰巨繁重。

32. 两个历史主动

习近平总书记在二十届中央纪委四次全会上指出，进入新时代，面对党内党风廉政建设和反腐败斗争的突出问题，我们坚持有腐必反、有贪必肃，不断纯洁干部队伍，维护了党的形象，巩固了红色江山，赢得了确保党不变质、不变色、不变味的历史主动，赢得了党团结带领全体人民为强国建设、民族复兴伟业共同奋斗的历史主动。

33. 新形势下党内政治生活的若干准则

（1）坚定理想信念。

（2）坚持党的基本路线。

（3）坚决维护党中央权威。

（4）严明党的政治纪律。

（5）保持党同人民群众的血肉联系。

（6）坚持民主集中制原则。

（7）发扬党内民主和保障党员权利。

（8）坚持正确选人用人导向。

（9）严格党的组织生活制度。

（10）开展批评和自我批评。

（11）加强对权力运行的制约和监督。

（12）保持清正廉洁的政治本色。

34. 新时代好干部标准

信念坚定、为民服务、勤政务实、清正廉洁、敢于担当。

35. 领导干部“五个过硬”要求

信念过硬、政治过硬、责任过硬、能力过硬、作风过硬。

36. 年轻干部要提高“七种能力”

政治能力、调查研究能力、科学决策能力、改革攻坚能力、应急处突能力、群众工作能力、抓落实能力。

37. 党员廉洁自律规范

（1）坚持公私分明，先公后私，克己奉公。

（2）坚持崇廉拒腐，清白做人，干净做事。

（3）坚持尚俭戒奢，艰苦朴素，勤俭节约。

（4）坚持吃苦在前，享受在后，甘于奉献。

38. 党员领导干部廉洁自律规范

除带头遵守党员廉洁自律规范外，党员领导干部还必须做到：

（1）廉洁从政，自觉保持人民公仆本色。

（2）廉洁用权，自觉维护人民根本利益。

（3）廉洁修身，自觉提升思想道德境界。

（4）廉洁齐家，自觉带头树立良好家风。

39. 党的问责工作对象

问责对象是党组织、党的领导干部，重点是党委（党组）、党的工作机关及其领导成员，纪委、纪委派驻（派出）机构及其领导成员。

40. 问责的情形

党组织、党的领导干部违反党章和其他党内法规，不履行或者不正确履行职责，有下列情形之一，应当予以问责：

（1）党的领导弱化，“四个意识”不强，“两个维护”不力，党的基本理论、基本路线、基本方略没有得到有效贯彻执行，在贯彻新发展理念，推进经济建设、政治建设、文化建设、社会建设、生态文明建设中，出现重大偏差和失误，给党的事业和人民利益造成严重损失，产生恶劣影响的；

（2）党的政治建设抓得不实，在重大原则问题上未能同党中央保持一致，贯彻落实党的路线方针政策和执行党中央重大决策部署不力，不遵守重大事项请示报告制度，有令不行、有禁不止，阳奉阴违、欺上瞒下，团团伙伙、拉帮结派问题突出，党内政治生活不严肃不健康，党的政治建设工作责任制落实不到位，造成严重后果或者恶劣影响的；

（3）党的思想建设缺失，党性教育特别是理想信念宗旨教育流于形式，意识形态工作责任制落实不到位，造成严重后果或者恶劣影响的；

（4）党的组织建设薄弱，党建工作责任制不落实，严重违反民主集中制原则，不执行领导班子议事决策规则，民主生活会、“三会一课”等党的组织生活制度不执行，领导干部报告个人有关事项制度执行不力，党组织软弱涣散，违规选拔任用干部等问题突出，造成恶劣影响的；

（5）党的作风建设松懈，落实中央八项规定及其实施细则精神不力，“四风”问题得不到有效整治，形式主义、官僚主义问题突出，执行党中央决策部署表态多调门高、行动少落实差，脱离实际、脱离群众，拖沓敷衍、推诿扯皮，造成严重后果的；

（6）党的纪律建设抓得不严，维护党的政治纪律、组织纪律、廉洁纪律、群众纪律、工作纪律、生活纪律不力，导致违规违纪行为多发，造成恶劣影响的；

（7）推进党风廉政建设和反腐败斗争不坚决、不扎实，削减存量、遏制增量不力，特别是对不收敛、不收手，问题线索反映集中、群众反映强烈，政治问题和经济问题交织的腐败案件放任不管，造成恶劣影响的；

（8）全面从严治党主体责任、监督责任落实不到位，对公权力的监督制约不力，好人主义盛行，不负责不担当，党内监督乏力，该发现的问题没有发现，发现问题不报告不处置，领导巡视巡察工作不力，落实巡视巡察整改要求走过场、不到位，该问责不问责，造成严重后果的；

（9）履行管理、监督职责不力，职责范围内发生重特大生产安全事故、群体性事件、公共安全事件，或者发生其他严重事故、事件，造成重大损失或者恶劣影响的；

（10）在教育医疗、生态环境保护、食品药品安全、扶贫脱贫、社会保障等涉及人民群众最关心最直接最现实的利益问题上不作为、乱作为、慢作为、假作为，损害和侵占群众利益问题得不到整治，以言代法、以权压法、徇私枉法问题突出，群众身边腐败和作风问题严重，造成恶劣影响的；

（11）其他应当问责的失职失责情形。

41. 对党组织的问责方式

对党组织的问责，根据危害程度以及具体情况，可以采取以下方式：

（1）检查。责令作出书面检查并切实整改。

（2）通报。责令整改，并在一定范围内通报。

（3）改组。对失职失责，严重违犯党的纪律、本身又不能纠正的，应当予以改组。

42. 对党的领导干部的问责方式

对党的领导干部的问责，根据危害程度以及具体情况，可以采取以下方式：

（1）通报。进行严肃批评，责令作出书面检查、切实整改，并在一定范围内通报。

（2）诫勉。以谈话或者书面方式进行诫勉。

（3）组织调整或者组织处理。对失职失责、危害较重，不适宜担任现职的，应当根据情况采取停职检查、调整职务、责令辞职、免职、降职等措施。

(4) 纪律处分。对失职失责、危害严重，应当给予纪律处分的，依照《中国共产党纪律处分条例》追究纪律责任。

43. 问责调查工作“二十四字”基本要求

事实清楚、证据确凿、依据充分、责任分明、程序合规、处理恰当。

44. 党的六大纪律

政治纪律、组织纪律、廉洁纪律、群众纪律、工作纪律、生活纪律。

45. 严明政治纪律和政治规矩“五个必须”

一是必须维护党中央权威，决不允许背离党中央要求另搞一套，全党同志特别是各级领导干部在任何时候任何情况下都必须在思想上政治上行动上同党中央保持高度一致，听从党中央指挥，不得阳奉阴违、自行其是，不得对党中央的大政方针说三道四，不得公开发表同中央精神相违背的言论。

二是必须维护党的团结，决不允许在党内培植私人势力，要坚持五湖四海，团结一切忠实于党的同志，团结大多数，不得以人划线，不得搞任何形式的派别活动。

三是必须遵循组织程序，决不允许擅作主张、我行我素，重大问题该请示的请示，该汇报的汇报，不允许超越权限办事，不能先斩后奏。

四是必须服从组织决定，决不允许搞非组织活动，不得跟组织讨价还价，不得违背组织决定，遇到问题要找组织、依靠组织，不得欺骗组织、对抗组织。

五是必须管好亲属和身边工作人员，决不允许他们擅权干政、谋取私利，不得纵容他们影响政策制定和人事安排、干预正常工作运行，不得默许他们利用特殊身份谋取非法利益。

46. 无视党的政治纪律和政治规矩的“七个有之”

（1）搞任人唯亲、排斥异己的有之。

（2）搞团团伙伙、拉帮结派的有之。

（3）搞匿名诬告、制造谣言的有之。

（4）搞收买人心、拉动选票的有之。

（5）搞封官许愿、弹冠相庆的有之。

（6）搞自行其是、阳奉阴违的有之。

（7）搞尾大不掉、妄议中央的也有之。

47. 对党员的五种纪律处分

警告、严重警告、撤销党内职务、留党察看、开除党籍。

48. 监督执纪“四种形态”

深化运用监督执纪“四种形态”，经常开展批评和自我批评，及时进行谈话提醒、批评教育、责令检查、诫勉，让“红红脸、出出汗”成为常态；党纪轻处分、组织调整成为违纪处理的大多数；党纪重处分、重大职务调整的成为少数；严重违纪涉嫌犯罪追究刑事责任的成为极少数。

49. 执纪审查重点

重点查处党的十八大以来不收敛、不收手，问题线索反映集中、群众反映强烈，政治问题和经济问题交织的腐败案件，违反中央八项规定精神的问题。

50. 可以从轻或者减轻纪律处分的情形

（1）主动交代本人应当受到党纪处分的问题；

（2）在组织谈话函询、初步核实、立案审查过程中，能够配合核实审查工作，如实说明本人违纪违法事实；

（3）检举同案人或者其他人应当受到党纪处分或者法律追究的问题，经查证属实，或者有其他立功表现；

（4）主动挽回损失、消除不良影响或者有效阻止危害结果发生；

（5）主动上交或者退赔违纪所得；

（6）党内法规规定的其他从轻或者减轻处分情形。

51. 应当从重或者加重纪律处分的情形

（1）强迫、唆使他人违纪；

（2）拒不上交或者退赔违纪所得；

（3）违纪受处分后又因故意违纪应当受到党纪处分；

（4）违纪受处分后，又被发现其受处分前没有交代的其他应当受到党纪处分的问题；

（5）党内法规规定的其他从重或者加重处分情形。

52. 政务处分原则

给予公职人员政务处分，坚持党管干部原则，集体讨论决定；坚持法律面前一律平等，以事实为根据，以法律为准绳，给予的政务处分与违法行为的性质、情节、危害程度相当；坚持惩戒与教育相结合，宽严相济。

53. 政务处分种类

警告、记过、记大过、降级、撤职、开除。

54. 政务处分期间

警告，6 个月；记过，12 个月；记大过，18 个月；降级、撤职，24 个月。政务处分决定自作出之日起生效，政务处分期自政务处分决定生效之日起计算。

55. 应当从重给予政务处分的情形

（1）在政务处分期内再次故意违法，应当受到政务处分的；
（2）阻止他人检举、提供证据的；
（3）串供或者伪造、隐匿、毁灭证据的；
（4）包庇同案人员的；
（5）胁迫、唆使他人实施违法行为的；
（6）拒不上交或者退赔违法所得的；
（7）法律、法规规定的其他从重情节。

56. 工作中有形式主义、官僚主义行为可能会受到的党纪政务处分

《中国共产党纪律处分条例》第一百三十二条规定，有下列行为之一，造成严重损害或者严重不良影响的，对直接责任者和领导责任者，给予警告或者严重警告处分；情节较重的，给予撤销党内职务或者留党察看处分；情节严重的，给予开除党籍处分：

（1）热衷于搞舆论造势、浮在表面；

（2）单纯以会议贯彻会议、以文件落实文件，在实际工作中不见诸行动；

（3）脱离实际，不作深入调查研究，搞随意决策、机械执行；

（4）违反精文减会有关规定搞文山会海；

（5）在督查检查考核等工作中搞层层加码、过度留痕，增加基层工作负担；

（6）工作中其他形式主义、官僚主义行为。

根据《中华人民共和国公职人员政务处分法》第三十九条的规定，工作中有形式主义、官僚主义行为，造成不良后果或者影响的，予以警告、记过或者记大过；情节较重的，予以降级或者撤职；情节严重的，予以开除。

57. 三个区分开来

党组织应当建立健全激励机制，把党员在推进改革中因缺

乏经验、先行先试出现的失误错误，同明知故犯的违纪违法行为区分开来；把尚无明确限制的探索性试验中的失误错误，同明令禁止后依然我行我素的违纪违法行为区分开来；把为推动发展的无意过失，同为谋取私利的违纪违法行为区分开来。正确把握党员在工作中出现失误错误的性质和影响，给予实事求是、客观公正的处理，保护党员担当作为的积极性。

三、相关规定

整治形式主义为基层减负若干规定

（2024年7月30日中共中央政治局会议审议批准
2024年8月6日中共中央办公厅、国务院办公厅发布）

为了深化拓展整治形式主义为基层减负，健全为基层减负长效机制，引导广大党员、干部树立和践行正确政绩观，积极担当作为，有更多精力抓落实，制定如下规定。

一、切实精简文件

1. 严控文件数量。地方和部门发文严格实行计划管理、总量管控和发文立项制度，严格控制临时性、配套类、分工类发文。年度实际发文数量一般只减不增，超过上年度的应当向上级党委办公厅（室）书面说明。议事协调机构、部门和单位不得向下级党委和政府发布指令性公文或者在公文中提出指令性要求。加强日常动态监测，防止以“红头”变“白头”、正式改便笺、多文合一等方式规避发文数量管理。

2. 提升文件质量。坚持“短实新”文风，除部署综合性工作外，地方和部门文件一般不超过5000字，部署专项工作或者具体任务的文件一般不超过 4000 字。文件应当开门见山、直奔主题，着重提出贯彻落实的政策措施，一般不必阐述形势背景、重要意义、主要原则等内容，确需阐述的应当简明扼要；加强领导、落实责任、组织保障等内容应当精炼。配套文件应当直接提出具体落实措施，不得简单照搬照抄上位文件。

3. 加强评估审查。地方和部门制发文件应当进行与为基层减负一致性评估，加强政策性、合法合规性审查，一般不提出报送贯彻落实情况、制定配套文件的要求；除专门文件外，文件原则上不对机构编制、干部配备、工资福利待遇、创建示范、达标、“一票否决”和签订责任状等事项提出具体要求。

二、严格精简会议

4. 严控会议数量。召开会议严格实行计划管理。法定性、制度性会议按照有关规定执行。本系统本领域综合性工作会议，原则上每年不超过 1 次，各级部门召开的业务工作会议能合并的合并、能精简的精简。各级召开日常性会议应当精简务实、控制频次，可以合并研究审议的事项应当合并。对上级精神不刻意搞开会传达不过夜。未经同级党委主要负责同志批准，不得随意召开直达基层的会议（含电视电话、网络视频会议），对已直接开到基层的，不再层层召开。压减现场观摩会、推进会等频次数量。已制发文件的工作事项原则上不再专门开会部署。市县两级党委和政府对年度综合性会议加大统筹力度，防止年底年初扎堆开会，明显减少乡镇（街道）党政主要负责同志和村（社区）党组织书记、村（居）委会主任参加的会议数量。

5. 控制规模规格。严控参会人员范围、层级，只安排与会议主题密切相关的单位参加，不搞层层陪会。合理确定会议规格，由分管负责同志召集部署的会议，一般不要求下级主要负责同志参会。以部门名义召开的会议，未经同级党委批准，不得要求下级党委和政府负责同志参会。不简单以出席会议领导级别对参会人员提出相应级别要求，可由分管负责同志参加的会议不要求主要负责同志参会，可由部门负责同志参加的会议不要求党委和政府负责同志参会。中央部门工作会议一般不安排市县及以下单位参会，省级部门工作会议一般不安排县以下单位参会。

6. 提升质量效率。从严落实开短会、讲短话要求，地方党政主要负责同志同时参加的会议一般不同时讲话，主要负责同志讲话或者会议主报告不超过1小时，有发言安排的应当控制发言时间，不搞一般性工作汇报、表态。安排分组讨论的会议，会期原则上不超过1天半，其他会议一般安排半天以内。能采用电视电话、网络视频形式召开的会议，可不集中开会。

三、统筹规范督查检查考核

7. 严格计划和备案管理。中央和国家机关各部门拟开展的涉及地方党委和政府的综合性督查检查考核事项，按年度计划执行，原则上每部门不超过1项，同类事项应当合并进行，涉及多部门的应当联合开展。加大对部门内设机构和行业系统开展督查检查考核的统筹力度，未经报备不得开展。计划外确需开展的应当一事一报。不得打包报计划、执行搞拆分，不得以调研之名行督查检查考核之实，调研结果不得作为考核问责的依据。不在部门文件、领导讲话等中设定督查检查考核事项。中央和国家机关部门开展的督查检查考核事项，一般不要求地方层层配套开展。每年年初、年中，对拟实地开展的督查检查考核事项加强统筹调度优化，错开时间和地点。除应急类的安全生产、自然灾害防治外，每个省全年平均每月接受中央和国家机关部门实地督查检查考核不超过规定次数，市县乡三级接受上级实地督查检查考核次数，由省级党委参照作出规定。省市县加强对本级督查检查考核事项的计划和备案管理。

8. 改进方式方法。上级部门到地方督查检查考核调研，不得动辄要求见主要负责同志，不得频繁要求基层填表格报材料。不得将获得领导同志批示以及在刊物和媒体刊发文章信息、经验做法等作为督查检查考核内容。不把是否开会发文、拍照留痕、制作学习笔记等作为评判工作优劣的标准，不得工作刚部署就安排督查检查考核。督查检查考核原则上不召开动员会、反馈会。对督查检查考核结果，应当以适当方式进行反馈，留足整改时间。落实“三个区分开来”，统筹做好追责问责和容错纠错工作，不得以问责代替整改，未经规定程序、事实未查清之前不对干部进行追责问责，防止问责泛化、简单化。压减考核指标，压缩提供材料的文字量，突出考核重点，不层层加码，不“搭车”设置考核内容。不得随意设置“一票否决”和签订责任状事项，不得通过签订承诺书、第三方评估、满意度测评、挂牌督办等方式变相设置考核事项。不得按月度、季度频繁搞排名通报。不得以通报排名的形式变相进行考核。考核应当化繁为简，不搞“千分制”。

9. 严控对基层督查检查考核总量。省市县三级党委和政府应当合理统筹对基层的督查检查事项，不得向同一地方反复安排督查检查事项，不得就同一事项层层对同一地方开展督查检查，防止多头重复、集中扎堆。县及以下单位的所有考核事项合并开展，对县、乡、村的考核分别由市、县、乡统一组织实施，其他单位不单独开展考核。

四、规范借调干部

10. 不向县及以下单位借调干部。上级机关、单位原则上不得从县及以下单位借调干部。不得以工作专班、跟班学习、交流锻炼等名义变相借调干部。

11. 严控向市及以上单位借调干部。上级机关、单位从市及以上单位借调干部，应当聚焦工作急需，从严控制数量。确需借调的，应当经本单位党组（党委）审批同意后，报同级党委组织部门备案。借调时间一般不超过 6 个月，特殊情况需要延期的，延长时间一般不超过 6 个月，并应当提前征得派出单位和本人同意。

五、规范政务移动互联网应用程序管理

12. 清理整合面向基层的政务应用程序。中央和国家机关部门原则上最多运行 1 个面向基层的政务移动互联网应用程序（以下简称政务应用程序），填表报数交材料功能一般不向下延伸到县级；现有多个政务应用程序到基层的，应当逐步清理压减整合。各地区对面向县以下单位的政务应用程序进行清理整合。不得随意向基层要数据材料，需要基层填表报数交材料的，原则上应当通过省级平台报送并推动数据共享，能够通过系统自动生成或者共享获取的数据材料，不再要求基层报送，实现同类材料“最多报一次”，不得再要求重复报送纸质材料，部门不得要求另行报送。市县级政务应用程序的填表报数交材料功能，应当逐步与省级平台相应功能整合统一。

13. 严格建设管理。严格政务应用程序立项审核，并纳入统一技术监管，未经信息化项目审批部门批准，不得新建。行业系统已建有统一政务应用程序的，应当向地方开放相关权限，推进垂管系统与地方平台互联互通，地方不再重复建设。除安保、应急等特殊场景规定外，其他各类政务应用程序不得设置打卡签到、积分排名、统计在线时长等强制性功能。

14. 防止功能异化。不得强制推广下载使用政务应用程序，不得考核通报用户安装使用率，不得强制要求定期登录等。不得把政务应用程序异化为工作考核日常化、督查检查线上化的主要载体，不得将点赞量、网络投票数、转发量、学习时长等作为考评依据，非必要不得强制要求下级和基层单位通过政务应用程序上传工作照片、视频和轨迹等。

六、规范明晰基层权责

15. 建立健全职责清单。省级党委和政府指导本地区立足实际建立健全乡镇（街道）履行职责事项清单并开展清理规范，加强清单动态管理，推动责权一致、责能一致。村（居）委会依法履行职责，不得将村（社区）作为行政执法、城市管理、招商引资等事务的责任主体。加强对“某长制”、网格员等的统筹规范，不得随意新增事项。

16. 完善清单外事项准入制度。未经省级党委和政府统一部署，不得将未列入清单的职责事项擅自向乡镇（街道）下放或者采取授权、委托等形式变相下放，不得随意以落实属地管理、签订责任状、分解下达指标、考核验收、制度上墙等方式将工作任务和责任转嫁乡镇（街道）、村（社区）。对已下放的事项进行清理规范，基层治理迫切需要且能有效承接的事项继续保留，同步下放相关资源；专业性技术性强、经评估无力承接的事项及时调整上收。适合通过市场化方式提供的村（社区）公共服务事项，可依法购买服务。

17. 规范工作机制、挂牌和证明事项。精简整合党政机关和群团组织设立的各类村（社区）工作机制，未经省级党委和政府批准，不得要求村级组织设立各类领导小组、委员会、工作站、协会等工作机构并挂牌、配备力量。省级党委和政府统一规定村（社区）挂牌数量、名称和式样，除法定挂牌外不得增加。党政机关和群团组织不得要求村（社区）出具缺乏法定依据的证明事项，原则上取消金融机构、社会组织等要求村（社区）出具的证明事项。

18. 依法依规确定基层信访工作职责。不得简单以信访数量的多少评价基层信访工作，对已经复核的信访事项和已经依法终结的涉法涉诉信访事项，不进行排名、通报、考核、问责，使基层将更多精力放到推动矛盾排查化解、维护群众合法权益上来。

七、规范创建示范和达标活动

19. 精简种类数量。大幅减少各种创建示范和达标活动，未经批准不得新增创建示范和达标活动以及“城市”、“之乡”、“基地”等授牌命名活动。市县级党政机关和群团组织以及乡镇（街道）不开展创建示范活动。不搞创建结果排名。

20. 注重创建示范实效。创建示范活动不得脱离地方资源禀赋条件和产业发展实际，不得搞“运动式”、“作秀式”、“一阵风”，不对氛围营造提要求，不影响群众正常生产生活。参与创建示范活动的单位应当坚持节俭办事，杜绝浪费，不得举债搞创建。创建示范活动不得收取费用，不得以搞合作、拉赞助等方式变相收取费用。

21. 在基层不搞达标活动。各级党政机关以及群团组织、国有企事业单位、社会组织等不得开展以乡镇（街道）、村（社区）、学校为对象的达标活动。对现有的达标活动进行清理，已经开展的期满后自行取消。

各地区各部门应当严格执行本规定，建立整治形式主义为基层减负专项工作机制，党委（党组）切实履行主体责任，党委（党组）书记带头执行并抓好贯彻落实，及时纠治本地区本部门存在的突出问题。中央和国家机关各部门应当带头落实。本规定的贯彻落实情况作为巡视巡察、新闻舆论监督等的重要内容。对违反本规定的追责问责，对典型问题予以公开通报。

本规定由中央办公厅负责解释，自发布之日起施行。此前发布的有关规定，凡与本规定不一致的，按照本规定执行。

关于统筹规范督查检查考核工作的通知

（2018 年 10 月 4 日中共中央办公厅发布）

为了更好推动党的十九大精神和党中央决策部署贯彻落实，深入推进全面从严治党，进一步改进工作作风，坚决克服形式主义、官僚主义，经中央领导同志同意，现就统筹规范督查检查考核工作通知如下。

一、提高思想认识，明确总体要求

督查检查考核工作是推动党的理论和路线方针政策、党中央决策部署贯彻落实的重要手段，是改进党的作风、激励广大干部担当作为的重要举措。近年来，督查检查考核工作不断加强，激励鞭策的指挥棒作用有力发挥，必须坚持不懈抓下去。但也存在名目繁多、频率过高、多头重复、重留痕轻实绩等问题，地方和基层应接不暇、不堪重负，干部群众反映强烈，既不利于集中精力抓落实，也助长了形式主义、官僚主义，损害党群干群关系，必须下决心加以解决，把督查检查考核工作做得更好更有成效。

做好督查检查考核工作的总体要求是：以习近平新时代中国特色社会主义思想为指导，全面贯彻党的十九大和十九届二中、三中全会精神，牢固树立“四个意识”、坚决做到“两个维护”，着力加强党中央集中统一领导，强化各级党委统筹协调，严格控制总量，坚持以上率下，不断增强督查检查考核工作的科学性、针对性、实效性，切实减轻基层负担，进一步激发干部崇尚实干、攻坚克难的责任担当，凝聚起决胜全面建成小康社会、夺取新时代中国特色社会主义伟大胜利、实现中华民族伟大复兴中国梦的强大力量。

二、严格控制总量，实行计划管理

规范督查检查考核工作，必须从源头抓起，从上级机关做起。除党中央、国务院统一部署和依法依规开展的督查检查考核外，中央和国家机关各部门不得自行设置以地方党委和政府为对象的督查检查考核项目，不得在部门文件中自行规定全国性督查检查考核事项，确需开展的要一事一报。要严格控制总量和频次，中央和国家机关各部门原则上每年搞1次综合性督查检查考核，同类事项可合并进行，涉及多部门的联合组团下去，防止重复扎堆、层层加码，不能兴师动众，动辄对着县乡村和厂矿企业学校，影响地方和基层的正常工作。部门督查检查考核不能打着中央的旗号，日常调研指导工作不能随意冠以督查、检查、巡查、督察、督导等名义。

实行年度计划和审批报备制度。中央和国家机关各部门拟开展的涉及地方党委和政府以及本系统全国性的业务督查检查考核事项，要按照归口管理原则，年初分别报中央办公厅、国务院办公厅研究审核，由中央办公厅统一报党中央审批，以年度计划的形式印发执行。对紧急突发事项的督查检查，可以按程序报批后实施。省区市开展的全省性督查检查考核也要制定年度计划，报中央办公厅备案。

三、注重工作实绩，改进方式方法

要完善考核评价体系，突出党中央决策部署的贯彻执行情况，科学合理设置指标，视内容区分发达与欠发达地区、城市与乡村、地方与部门、机关与企事业单位等，体现差异化要求，避免“一刀切”、“一锅煮”。改进督查检查考核办法，必要的记录、台账要看，但主要看工作实绩，不能一味要求基层填表格报材料，不能简单以留痕多少评判工作好坏，不能工作刚安排就督查检查、刚部署就进行考核，不搞花拳绣腿，不要繁文缛节，不做表面文章。坚持走群众路线，加强常态化了解，多到现场看，多见具体事，多听群众说，更多关注改革发展、政策落地情况和群众获得感满意度。督查检查要突出问题导向，既着重发现落实中存在的问题，又及时了解有关政策需要完善的地方。对督查检查考核中发现的问题，要以适当方式进行反馈，加强督促整改，不能简单以问责代替整改，也不能简单搞终身问责。创新督查检查考核方式，充分运用信息化手段，实现信息资源共享，优化第三方评估，提高督查检查考核的质量和效率。

四、加强组织领导，激励担当作为

各地区各部门党委（党组）要强化主体责任，加强组织领导。中央层面建立由中央办公厅牵头，中央和国家机关有关部门参加的统筹协调机制，加强对督查检查考核工作的计划管理和监督实施。开展专项清理，从中央和国家机关做起，各级党委和政府要坚决撤销形式主义、劳民伤财、虚头巴脑的督查检查考核事项，大幅度压缩数量，对县乡村和厂矿企业学校的督查检查考核事项要减少 50%以上。清理后保留的事项实行清单管理，可以公开的公开，接受社会监督，确保执行到位，严防反弹回潮。各地区各部门清理情况报中央办公厅。

要强化督查检查考核结果的分析运用，鲜明树立重实干重实绩的导向，对政治坚定、奋发有为的干部要褒奖和鼓励，对慢作为、不作为、乱作为的干部要警醒和惩戒。对各种告状信、检举信，经核实有问题的要依纪依法处理，没问题的要及时澄清、公开正名，对诬告陷害的要严肃追究责任，推动形成勇于担当作为、敢于抵制歪风邪气的良好政治生态。

各地区各部门要结合实际，制定贯彻落实通知的具体措施。

关于解决形式主义突出问题为基层减负的通知

（2019年3月6日中共中央办公厅发布）

党的十八大以来，习近平总书记就加强党的作风建设，力戒形式主义、官僚主义作出一系列重要指示。近期，习近平总书记专门作出重要批示，强调2019年要解决一些困扰基层的形式主义问题，切实为基层减负。为贯彻落实习近平总书记重要指示批示精神，更好为基层干部松绑减负，激励广大干部担当作为、不懈奋斗，经中央领导同志同意，决定将2019年作为“基层减负年”，现就有关工作要求通知如下。

一、以党的政治建设为统领加强思想教育，着力解决党性不纯、政绩观错位的问题

坚持用习近平新时代中国特色社会主义思想武装头脑，在深化消化转化上下功夫，把理论学习的成效体现到增强党性修养、提高工作能力、改进工作作风、推动党的事业发展上。将力戒形式主义、官僚主义作为全党开展的“不忘初心、牢记使命”主题教育重要内容，教育引导党员干部牢记党的宗旨，坚持实事求是的思想路线，树立正确政绩观，把对上负责与对下负责统一起来。从领导机关首先是中央和国家机关做起，开展作风建设专项整治行动，发扬斗争精神，对困扰基层的形式主义问题进行大排查，着重从思想观念、工作作风和领导方法上找根源、抓整改。严明政治纪律和政治规矩，认真汲取秦岭北麓西安境内违建别墅问题的深刻教训，坚决防止和纠正落实党中央决策部署不用心、不务实、不尽力，口号喊得震天响、行动起来轻飘飘的问题，真正把树牢“四个意识”、做到“两个维护”的要求落到实处。

二、严格控制层层发文、层层开会，着力解决文山会海反弹回潮的问题

认真贯彻落实中央八项规定及其实施细则精神，从中央层面做起，层层大幅度精简文件和会议，确保发给县级以下的文件、召开的会议减少30%—50%。发扬“短实新”文风，坚决压缩篇幅，防止穿靴戴帽、冗长空洞，中央印发的政策性文件原则上不超过10页，地方和部门也要按此从严掌握。地方各级、基层单位贯彻落实中央和上级文件，可结合实际制定务实管用的举措，除有明确规定外，不再制定贯彻落实意见和实施细则。科学确定中央文件密级和印发范围，能公开的公开。少开会、开短会，开管用的会。上级会议原则上只开到下一级，经批准直接开到县级的会议，不再层层开会。严禁随意拔高会议规格、扩大会议规模，未经批准不得要求党委和政府主要负责同志以及部门一把手参会，减少陪会。提倡合并开会、套开会议，多采用电视电话、网络视频会议等形式。提高会议实效，不搞照本宣科，不搞泛泛表态，不刻意搞传达不过夜，坚决防止同一事项议而不决、反复开会。进一步改革会议公文制度，选择一些地方和单位开展治理文山会海工作试点。

三、加强计划管理和监督实施，着力解决督查检查考核过多过频、过度留痕的问题

抓好《中共中央办公厅关于统筹规范督查检查考核工作的

通知》贯彻落实，严格控制总量，实行年度计划和审批报备制度，中央和国家机关有关部门原则上每年搞1次综合性督查检查考核，对县乡村和厂矿企业学校的督查检查考核事项减少50%以上的目标要确保执行到位。强化结果导向，考核评价一个地方和单位的工作，关键看有没有解决实际问题、群众的评价怎么样。坚决纠正机械式做法，不得随意要求基层填表报数、层层报材料，不得简单将有没有领导批示、开会发文、台账记录、工作笔记等作为工作是否落实的标准，不得以微信工作群、政务APP上传工作场景截图或录制视频来代替对实际工作评价。严格控制"一票否决"事项，不能动辄签"责任状"，变相向地方和基层推卸责任。对涉及城市评选评比表彰的各类创建活动进行集中清理，该撤销的撤销，该合并的合并。对巡视巡察、环保督察、脱贫攻坚督查考核、政府大督查、党建考核等，牵头部门也要倾听基层意见进行完善，提出优化改进措施。调查研究、执法检查等要轻车简从、务求实效，不干扰基层正常工作。

四、完善问责制度和激励关怀机制，着力解决干部不敢担当作为的问题

坚持严管和厚爱结合，实事求是、依规依纪依法严肃问责、规范问责、精准问责、慎重问责，真正起到问责一个、警醒一片的效果。修订《中国共产党问责条例》。有效解决问责不力和问责泛化简单化等问题。正确对待被问责的干部，对影响期满、表现好的干部，符合有关条件的，该使用的要使用。制定纪检监察机关处理检举控告工作规则，保障党员权利，及时为干部澄清正名，严肃查处诬告陷害行为。改进谈话和函询工作方法，有效减轻干部不必要的心理负担。把“三个区分开来”的要求具体化，正确把握干部在工作中出现失误错误的性质和影响，切实保护干部干事创业的积极性，为担当者担当，为负责者负责。对基层干部特别是困难艰苦地区和奋战在脱贫攻坚第一线的干部，给予更多理解和支持，在政策、待遇等方面给予倾斜。

五、加强组织领导，为解决困扰基层的形式主义问题提供坚强保障

在党中央集中统一领导下，建立中央层面整治形式主义为基层减负专项工作机制，由中央办公厅牵头，中央纪委国家监委机关、中央组织部、中央宣传部、中央改革办、中央和国家机关工委、全国人大常委会办公厅、国务院办公厅、全国政协办公厅等参加，负责统筹协调推进落实工作。各地区各部门党委（党组）要切实履行主体责任，一把手负总责，党委办公厅（室）负责协调推进落实，把力戒形式主义、官僚主义作为重要任务，拿出有效管用的整治措施。加强政治巡视和政治督查，加大舆论监督力度，对形式主义、官僚主义典型问题点名道姓通报曝光，对干实事、作风好的先进典型及时总结推广，为广大党员干部作示范、树标杆。

关于规范村级组织工作事务、机制牌子和证明事项的意见

（2022 年 8 月 15 日中共中央办公厅、国务院办公厅发布）

村级组织包括村党组织、村民自治组织、村集体经济组织、村务监督组织和其他村级经济社会组织，是党和政府联系村民

群众的桥梁纽带，也是全面实施乡村振兴战略的重要力量。为深入贯彻落实党中央关于减轻基层负担的决策部署和习近平总书记关于基层治理重要指示批示精神，推动健全基层减负常态化机制，规范村级组织承担的工作事务、设立的工作机制、加挂的牌子、出具的证明事项，现提出如下意见。

一、总体要求

以习近平新时代中国特色社会主义思想为指导，深入贯彻落实党的十九大和十九届历次全会精神，以增强村党组织领导的村级组织体系整体效能为主线，以为村级组织和村干部松绑减负为目标，以推动党政机构、群团组织（以下简称党政群机构）工作思路和作风务实转变为保障，深化拓展基层减负工作成果，加强源头治理和制度建设，力争用两年左右时间，基本实现村级组织承担的工作事务权责明晰、设立的工作机制精简高效、加挂的牌子简约明了、出具的证明依规便民，进一步把村级组织和村干部从形式主义的束缚中解脱出来，不断提高农村基层治理水平，为全面推进乡村振兴提供更加坚实的组织保证。

二、主要任务

（一）减轻村级组织工作事务负担

1. 明确村级组织工作事务。根据《中国共产党农村基层组织工作条例》、《中华人民共和国村民委员会组织法》、《中华人民共和国乡村振兴促进法》等党内法规、国家法律法规以及有关章程的规定，村级组织工作事务包括宣传贯彻执行党的理论和路线方针政策，党中央、国务院以及地方党委和政府决策部署；加强村党组织及其领导的村级组织自身建设，组织群众、宣传群众、凝聚群众、服务群众；实行村民自治，发展壮大农村集体经济，维护村民群众合法权益，开展村级社会治理，提供村级综合服务等。县级党委和政府依法依规明确党政群机构在全面推进乡村振兴方面的职责范围和履职方式，依法依规明确党政群机构要求村级组织协助或者委托村级组织开展工作事务的制度依据、职责范围、运行流程。未经县级党委和政府统一部署，党政群机构不得将自身权责事项派交村级组织承担。不得将村级组织作为行政执法、拆迁拆违、招商引资、安全生产等事务的责任主体。

2. 创新村级组织工作方式。建立健全村级组织工作事务分流机制，分类办理政府基本公共服务事项、村级公共事务和公益服务事项，以及村民群众个人事项。探索以清单等方式规范公共服务事项，强化村级组织兜底服务、综合服务能力。对交由村级组织代办的公共服务事项，由乡镇党委和政府提供必要工作条件。对村民群众确有需要，但村级组织难以承担的公共事务和公益服务事项，由乡镇党委和政府协调解决。将属于政府职责范围且适合通过市场化方式提供的村级公共服务事项纳入政府购买服务指导性目录，在征求村级组织意见基础上，由县乡级政府依法购买服务。深化全国基层政权建设和社区治理信息系统分级应用，探索以县（市、区、旗）为单位推进村级数据资源建设，逐步实现村级组织工作数据综合采集、多方利用。

3. 完善村级组织考核评价机制。建立以解决实际问题、让村民群众满意为导向的村级组织考核评价机制，坚决杜绝简单以设机制挂牌子安排村级组织任务、以填报表格或者提供材料调度村级组织工作、以“是否留痕”印证村级组织实绩等问题。县级党委和政府应整合各党政群机构要求村级组织填报的各类表格，每年年初统一交由乡镇安排村级组织按规定频次填报。未经县级党委和政府统一部署，党政群机构不得要求村级组织填报表格、提供材料。以县（市、区、旗）为单位，清理整合面向村级组织的微信工作群、政务 APP，不得简单以上传工作场景截图或者录制视频等作为评价村级组织是否落实工作的依据。

（二）精简村级工作机制和牌子

4. 从严控制党政群机构设立村级工作机制（含各类分支机构和中心、站、所等）。除党中央、国务院明确要求或者法律法规明确规定外，未经省级党委和政府同意，党政群机构不得新设村级工作机制，不得要求专人专岗。按照精简、统一、效能原则，规范并整合党政群机构设立的各类村级工作机制，统筹开展村级党的建设、治理服务和群众工作。可由村党组织、村民委员会及其下属委员会、村集体经济组织、村务监督委员会、农村基层群团组织承担相应职责的，原则上不得在村级设立专门工作机制或者要求专人专岗，承担相应职责的必要工作条件由县级党委和政府统筹予以保障。党中央、国务院明确要求或者法律法规明确规定设立村级工作机制、专人专岗的，相应的党政群机构应协调提供人员、经费等必要工作条件，不得将保障责任转嫁给村级组织。

5. 整合村级组织和工作机制办公场所。优化以村党群服务中心为基本阵地的村级综合服务设施布局。村级组织和工作机制原则上全部在综合服务设施中办公。以村民群众为对象、村级组织能够承接的公共服务事项，原则上全部在综合服务设施中提供，实行“一站式”服务、“一门式”办理。以省（自治区、直辖市）为单位制定村级综合服务设施建设标准，合理划分综合服务设施功能区域，统筹整合其他党政群活动阵地；依托综合服务设施推进新时代文明实践站建设，综合利用服务凝聚群众、教育引导群众的阵地资源。以县（市、区、旗）为单位推进村级综合服务设施建设，建立综合性服务团队或者设置综合性服务岗位，统一纳入村党群服务中心管理，做到一站多能、一岗多责。

6. 规范村级组织和工作机制挂牌。省级党委和政府统一规定村级组织和工作机制挂牌数量、名称和式样，党政群机构不得要求村级组织对口挂牌。一般应在村级综合服务设施外部显著位置悬挂村党组织、村民委员会、村集体经济组织、村务监督委员会标牌和村党群服务中心、村新时代文明实践站标识。村级组织根据实际情况确定村级综合服务设施内部悬挂的标牌，一般在内部显著位置悬挂村级综合服务机构标牌，在综合服务大厅设置集合式服务功能指引标牌，在各功能区域入口悬挂简明标牌。依托村务公开栏张贴并定期更新有关信息，采取集中展陈形式展示村级组织获得的各类表彰奖励和创建成果。

（三）改进村级组织出具证明工作

7. 压减村级组织出具证明事项。持续开展“减证便民”行动，依法依规确定村级组织出具证明事项。凡缺乏法律法规或国务院决定等依据的证明事项，党政群机构一律不得要求村级组织出具。省级党委和政府在第一批《不应由基层群众性自治组织出具证明事项清单》基础上，梳理本行政区域内要求村级组织出具的、虽有地方性法规或者政策文件依据但已经不符合农村经济社会发展实际、村级组织没有能力核实的证明事项，适时分批按规定程序予以取消。完善部门政务信息系统基层治理领域数据资源共享交换机制，鼓励党政群机构采取网上核验、主动调查、告知承诺等方式，最大限度减少村级组织出具证明事项。

8. 规范村级组织出具证明工作。属于职责范围内的事项，村级组织原则上应依法及时据实出具证明。以省（自治区、直辖市）为单位分类制定需由村级组织出具证明的具体式样、办理程序和操作规范。做好规范村级组织出具证明工作与各地区各部门证明事项清理工作的衔接。省级层面未统一规范，但涉及村民群众工作、学习、生活等仍需出具证明的，村级组织可本着便利村民群众办事创业的原则，对能够核实的事项据实出具相关证明。出具证明涉及重大问题或者存在法律风险的，村级组织要认真调查核实情况，广泛组织村民群众议事协商，必要时召开村民会议、村民代表会议讨论决定。列入《不应由基层群众性自治组织出具证明事项清单》和省级不应出具证明事项清单的，村级组织要做好解释说明工作；虽列入清单、但有关党政群机构确因形势变化需要仍要求出具证明的，应及时向乡镇党委和政府反映情况，乡镇党委和政府应联系有关党政群机构协调处理。

三、组织实施

（一）加强组织领导。坚持党的全面领导，把党的领导贯彻到规范村级组织工作事务、机制牌子和证明事项全过程各方面。

各级党委和政府要重视规范村级组织工作事务、机制牌子和证明事项，建立健全上下贯通、精准施策、一抓到底的工作体系，分级建立工作台账，明确时间进度和责任主体。省市级党委和政府要加强工作指导，县乡级党委和政府及相关职能部门要落实主体责任，逐一规范针对村级组织的工作事项。强化民政、组织、党委农村工作部门牵头协调职能，抓好统筹指导、资源整合和督促检查，协调解决有关问题。将规范村级组织工作事务、机制牌子和证明事项情况纳入市县乡党委书记抓基层党建工作述职评议考核和相关党政群机构考核评价内容。

（二）健全监管机制。各级党委和政府要分级制定村级组织工作事务、机制牌子和证明事项指导目录，建立健全准入制和动态调整制度，坚决取消没有法律法规或政策依据、没有经费保障、没有实际效用、村民群众不认可的工作事务、机制牌子和证明事项。建立健全村级组织负担常态化监管机制，加大督促检查和跟踪落实力度，及时纠正随意增加村级组织负担的行为，对典型问题通报曝光。有条件的地方要探索依托全国基层政权建设和社区治理信息系统等信息化手段，开展线上即时监测。

（三）增强村级组织能动性。村级组织要认真落实规范工作事务、机制牌子和证明事项有关要求，配合做好相关工作；对保留的工作事务、机制牌子和证明事项，要加强与相关党政群机构的工作衔接，进一步明确职责任务，健全规范高效的工作运行机制。要把减轻工作负担成效转化为干事创业、担当作为的动力，集中精力做好带领发展、推进治理、为民服务等工作，以更加奋发的精神状态、更加务实的工作作风组织村民群众全面推进乡村振兴，扎实推动共同富裕。

民政部、中央组织部、中央农办要协调推进规范村级组织工作事务、机制牌子和证明事项工作，适时组织监督检查和跟踪评估，重要情况及时向党中央、国务院请示报告。各省（自治区、直辖市）有关工作进展情况，及时送民政部、中央组织部、中央农办。规范城市社区组织工作事务、机制牌子和证明事项相关工作，参照本意见精神执行。

关于防治“指尖上的形式主义”的若干意见

（2023 年 12 月 18 日）

“指尖上的形式主义”是形式主义问题在数字化背景下的变异翻新，也是加重基层负担的主要表现之一。防治“指尖上的形式主义”，事关党的形象，事关人心向背，事关国家治理体系和治理能力现代化，对于推进党风政风社会风气向上向好具有重要意义。为贯彻党中央决策部署，落实中央层面整治形式主义为基层减负专项工作机制有关要求，规范政务移动互联网应用程序（以下称政务应用程序）、政务公众账号和工作群组管理，现提出如下意见。

一、总体要求

1. 指导思想。以习近平新时代中国特色社会主义思想为指导，深入贯彻党的二十大精神，全面贯彻习近平总书记关于力戒形式主义官僚主义的重要论述，坚持党的全面领导，加强对政务应用程序、政务公众账号和工作群组的标准化规范化管理，将规划统筹、集约高效、便民减负、安全可靠的原则贯穿建设、使用和安全管理全生命周期，刹住通过数字化手段变相加重基层负担的歪风邪气，减少基层干部在数字时代的无谓劳动，让广大干部有更多时间和精力抓落实，为胜利推进强国建设、民族复兴的历史伟业提供坚强作风保障。

2. 目标任务。用 1 到 2 年时间，建立健全统筹管理、审核备案、评价反馈、清理退出等机制，压实主体责任，大幅提升数字政务管理服务效能，有效解决“指尖上的形式主义”突出问题；用 3 到 5 年时间，健全完善常态化监管措施和长效工作机制，推动实现主体责任、监管责任、监督责任的贯通联动，防止“指尖上的形式主义”反弹回潮和隐形变异，全面推进数字政务高质量发展，努力做到为基层真减负、减真负。

二、强化建设管理

3. 加强统一规划。充分发挥移动互联网技术在机关履职、公共服务、社会治理等领域的作用，将政务应用程序建设纳入信息化、数字化总体规划，加强顶层设计，推动统建共用，统筹用好地方媒体资源，提高数字政务标准化规范化水平。

4. 加强立项审核。新建、改建或者采用购买服务方式的政务应用程序，应纳入信息化项目审批范围，开展立项审核，从防治“指尖上的形式主义”方面，审核是否符合信息化数字化规划、是否与已有政务应用程序存在功能交叉重复、是否能作为功能模块嵌入到已有政务应用程序、是否能与相关政务应用程序项目进行业务协同、是否满足数据管理和共享要求等内容。

5. 突出便捷集约。政务应用程序设计应坚持以用户为中心，注重功能聚合，强化数据共享，优化界面设计，依托“一站式”综合平台设计开发，统一办事入口、统一身份认证、统一服务事项。政务应用程序建设部署应充分利用政务云的网络、计算、存储和安全防护等软硬件资源。对于功能相近、重复的政务应用程序，要进行整合迁移，防止同质化。

6. 限制强制功能。除安保、应急等特殊规定外，政务应用程序原则上不得设置打卡签到、积分排名、在线时长等强制使用功能。确需设置或已经设置的，应严格审批，且上述功能不得向用户和个人开放，仅供内部掌握。

7. 防止“空壳”“僵尸”。政务应用程序上线前原则上应对功能完整性、性能稳定性、交互便捷性等进行验收，运行过程中注重收集用户意见，持续优化完善功能性能，提升服务质量和用户体验。对于使用频率低、实用性不强的政务应用程序，应及时关停注销并提前发布公告，依法依规处置相关数据，防止数据泄露及流失。注册运营政务公众账号，要严格控制数量，加强信息更新。

三、强化使用管理

8. 防止强制使用。应制定政务应用程序使用规范，明确目标对象、应用场景、使用要求等，不得强制推广下载，不得限定用户安装使用率，不得强制要求定期登录等。政务公众账号的推广使用应从实际需求出发，不得作强制性要求。在工作群组中，不得脱离工作实际强制要求打卡接龙、即时响应，不得随意摊派任务、索要材料。

9. 防止过度留痕。不得把政务应用程序作为工作考核日常化、督导检查线上化的载体，不得简单以工作留痕代替实际工作成效评价，不得随意要求下级和基层单位通过政务应用程序、工作群组上传不必要的截图或视频。

10. 防止滥用排名。不得滥用政务应用程序、政务公众账号的关注点赞、转发评论功能，不得将其作为考核评价、评比评选的依据。设置积分排名、在线时长的政务应用程序，不应将内部掌握的相关数据用于通报排名和考评。

11. 防止多头填报。要求基层使用政务应用程序报送数据应加强统筹，针对同一事项或数据，原则上应通过“一站式”综合平台、“一张表”形式报送，实现数据互通、信息共享，防止多头填报、重复索要数据。

四、强化安全管理

12. 健全安全体系。严格落实党委（党组）网络意识形态工作责任制、网络安全工作责任制，建立政务应用程序、政务公众账号和工作群组安全管理制度，健全应急处置机制，配强配齐应急处置力量，制定应急预案，开展应急演练，不断优化应急处置流程，有效防范各类突发情况。

13. 加强分类防护。落实网络安全、数据安全、关键信息基础设施安全保护、个人信息保护等相关法律规定，加强全生命周期数据安全管理，依法依规保护数据和个人信息安全。遵守国家保密法律法规，完善保密自监管设施，及时发现处置违反保密法律法规行为。组织做好政务应用程序运行监测，建立健全运维管理规范，严格值班值守和巡查巡检，保障可靠稳定运行。

五、强化组织保障

14. 压实主体责任。按照“谁主办谁负责，谁使用谁负责”的要求确定主办（使用）单位，履行建设、使用和安全管理等各环节的主体责任，主动发现“指尖上的形式主义”问题，及时整改纠错。主办单位上线政务应用程序，应按要求履行 ICP 备案等手续，并在首页上以醒目方式标示主办单位及 ICP 备案编号。鼓励在已备案的应用程序分发平台上架政务应用程序。主办单位应在政务应用程序中提供投诉建议功能，设置“指尖上的形式主义”问题投诉专区，实现在线受理、跟踪反馈和回访评价等。

15. 夯实属地责任。省级党委网络安全和信息化委员会加强本行政区域内政务应用程序、政务公众账号和工作群组管理的指导、协调和监督，加强与省级层面整治形式主义为基层减负工作机制联络沟通，健全工作机制，明确管理机构，规范管理流程。依托现有投诉举报渠道，将“指尖上的形式主义”问题纳入群众监督范围，督促主办（使用）单位及时受理、处置、整改、反馈，回应社会关切。省级党委网信办应组织开展自查自评，并将有关情况向中央网信办报告。

16. 落实监督责任。在中央网络安全和信息化委员会的领导下，中央网信办加强全国政务应用程序、政务公众账号和工作群组的统筹协调管理、政策标准制定和业务监督指导。根据政务应用程序、政务公众账号的用户规模、功能应用、使用频次、影响范围等情况，开展重点监测。会同有关部门对建设、使用、安全管理情况进行抽查评估，开展情况通报，推广先进做法。

对于发现的突出问题，及时提出整改意见和问责建议，督促整改纠正。发现违规违纪、严重加重基层负担的突出问题，及时移送纪检监察机关处置。

党政机关厉行节约反对浪费条例

（2013 年 10 月 29 日中共中央政治局会议审议批准　2013 年 11 月 18 日中共中央、国务院发布　2025 年 5 月 2 日中共中央批准　2025 年 5 月 2 日中共中央、国务院发布）

第一章　总　　则

第一条　为了进一步弘扬艰苦奋斗、勤俭节约的优良作风，推进党政机关厉行节约反对浪费，建设节约型机关，根据《中国共产党章程》和《中华人民共和国宪法》，制定本条例。

第二条　本条例适用于党的机关、人大机关、行政机关、政协机关、监察机关、审判机关、检察机关，以及工会、共青团、妇联等人民团体和参照公务员法管理的事业单位。

第三条　本条例所称浪费，是指党政机关及其工作人员违反规定进行不必要的公务活动，或者在履行公务中超出规定范围、标准和要求，不当使用公共资金、资产和资源，给国家和社会造成损失的行为。

第四条　党政机关厉行节约反对浪费，应当深入贯彻中央八项规定精神，遵循下列原则：坚持从严从简，带头过紧日子，勤俭办一切事业，降低公务活动成本，腾出更多资金用于发展所需、民生所盼；坚持依规依法，遵守党内法规和国家法律法规的相关规定，严格按照制度办事；坚持提质增效，科学统筹财政资源，严格控制经费支出，加强厉行节约绩效考评；坚持实事求是，从实际出发安排公务活动，取消不必要的公务活动，保证正常公务活动；坚持公开透明，除涉及国家秘密事项外，公务活动中的公共资金、资产和资源使用等情况应当按照规定予以公开，接受各方面监督；坚持深化改革，通过改革创新破解体制机制障碍，建立健全厉行节约反对浪费工作长效机制。

第五条　中央办公厅、国务院办公厅负责统筹协调、指导检查全国党政机关厉行节约反对浪费工作，有关协调联络机制承办具体事务。地方各级党委和政府办公厅（室）负责指导检查本地区党政机关厉行节约反对浪费工作。

各级纪检监察机关和组织人事、宣传、外事、发展改革、财政、审计、机关事务管理等部门根据职责分工，依规依法履行对厉行节约反对浪费相关工作的管理、监督等职责。

第六条　各级党委和政府应当加强对厉行节约反对浪费工作的组织领导。党政机关领导班子主要负责人对本地区、本部门、本单位的厉行节约反对浪费工作负总责，其他成员根据工作分工，对职责范围内的厉行节约反对浪费工作负主要领导责任。

第七条　各级领导机关和领导干部必须树立正确政绩观，坚持以身作则、以上率下，严禁搞劳民伤财的“形象工程”、“政绩工程”，防止重大决策失误造成严重浪费，坚决反对形式主义、官僚主义、享乐主义和奢靡之风。

中央和国家机关各部门应当在厉行勤俭节约、反对铺张浪费上走在前、作表率。

第二章 经费管理

第八条 党政机关应当加强预算编制管理，按照加强财政资源和预算统筹的要求，将各项收入和支出全部纳入预算。

党政机关取得的行政事业性收费收入、政府性基金收入、罚没收入、国有资源（资产）有偿使用收入等非税收入，必须按照规定及时足额上缴国库，严禁以任何形式隐瞒、截留、挤占、挪用、坐支、拖欠或者私分，严禁转移到机关所属工会、培训中心、服务中心等单位账户使用。

第九条 强化预算刚性约束，党政机关应当遵循先有预算、后有支出的原则，严格执行预算，严禁超预算或者无预算安排支出，严禁虚列支出、转移或者套取财政资金，严禁向下级单位、企事业单位、社会组织、个人摊派或者转嫁费用。

严格控制国内差旅费、因公临时出国（境）费、公务接待费、公务用车购置及运行费、会议费、培训费等支出。年度预算执行中不予追加，因特殊需要确需追加的，严格按照规定程序报批。

健全预算执行全过程动态监控机制，完善预算绩效管理体系，增强预算执行的严肃性，提高预算执行的准确率，防止年底突击花钱等现象发生。

第十条 深化政府会计改革，进一步健全会计制度，准确核算机关运行经费，全面反映机关运行成本。

第十一条 财政部门应当会同有关部门，根据国内差旅、因公临时出国（境）、公务接待、会议、培训等工作特点，综合考虑经济发展水平、有关货物和服务的市场价格水平，制定分地区的公务活动经费开支范围和开支标准。

加强相关开支标准之间的衔接，完善开支标准动态调整机制，定期根据有关货物和服务的市场价格变动情况调整相关开支标准，增强开支标准的协调性、规范性、科学性。

严格开支范围和标准，严格支出报销审核，不得报销任何超范围、超标准以及与相关公务活动无关的费用。

第十二条 全面实行公务卡制度。健全公务卡强制结算目录，党政机关国内发生的公务差旅费、公务接待费、公务用车运行维护费、会议费、培训费等经费支出，除按照规定实行银行转账外，应当使用公务卡结算。

第十三条 党政机关采购货物、工程和服务，应当遵循公开透明、公平竞争、公正、诚实信用原则。

政府采购应当依法完整准确编制采购项目预算，严格执行经费预算和资产配置标准，科学合理确定采购需求，不得超标准采购，不得采购与本单位履行职能和事业发展无关的资产，不得超出办公需要采购服务。

严格执行政府采购程序，不得违反规定以任何方式和理由指定或者变相指定供应商、品牌、型号、产地。依法应当进行公开招标的，不得以化整为零或者其他任何方式规避公开招标，确需改变采购方式的，应当严格执行有关公示和审批程序。列入政府集中采购目录范围的应当委托集中采购机构代理采购，属于批量集中采购范围的应当进行批量集中采购。

党政机关应当按照政府采购合同规定组织验收。政府采购监督管理部门应当建立健全政府采购结果评价制度，对政府采购的资金节约、政策效能、透明程度以及专业化水平进行综合、客观评价。

完善政府采购管理交易系统，推进电子化政府采购。

第十四条 优化政府投资方向和结构，加强政府投资全生命周期管理，坚决防止低效无效投资。

完善“半拉子工程”、已建未用项目等科学处置程序办法。

第三章 国内差旅和因公临时出国（境）

第十五条 党政机关应当严格执行国内差旅内部审批制度，加强计划管理和统筹把关，从严控制人数和天数，严禁无实质内容、无明确公务目的的差旅活动，严禁以任何名义和方式变相旅游，严禁异地部门间无实质内容的学习交流和考察调研。加强对到基层调研、督查检查的统筹规范，防止重复扎堆增加基层负担。

第十六条 国内差旅人员应当严格按照规定乘坐交通工具、住宿、用餐，费用由所在单位承担。

差旅人员用车、住宿、用餐由接待单位协助安排的，必须按照规定标准及时足额交纳交通费、住宿费、伙食费。差旅人员不得向接待单位提出正常公务活动以外的要求，不得接受礼金、礼品和土特产品等。

第十七条 统筹安排年度因公临时出国计划，严格控制团组数量和出访国家数、团组人数、在外停留天数，不得安排照顾性、无实质内容的一般性出访，不得组织开展一般性出国考察、日常调研、交流学习等活动，严禁集中安排赴热门国家或者地区出访，严禁以任何名义和方式变相公款出国旅游。严格执行因公临时出国限量管理规定，不得把出国作为个人待遇、安排轮流出国。严格控制跨地区、跨部门团组。

组织人事、外专等部门应当加强出国培训总体规划和监督管理，严格控制出国培训规模，科学设置培训项目，择优选派培训对象，提高出国培训的质量和实效。

第十八条 外事管理部门应当加强因公临时出国审核审批管理，对违反规定、不适合成行的团组予以调整或者取消。

加强因公临时出国经费预算总额控制，严格执行经费先行审核制度。无出国经费预算安排的不予批准，确有特殊需要的，按照规定程序报批。严禁违反规定使用出国经费预算以外资金作为出国经费，严禁向所属单位、企业、我国驻外机构等摊派或者转嫁出国费用。

第十九条 出国团组应当按照规定标准安排交通工具和食宿，不得违反规定乘坐民航包机，不得乘坐私人、企业和外国航空公司包机，不得安排超标准住房和用车，不得擅自增加出访国家或者地区，不得擅自变更行程路线，不得擅自延长在国外停留天数。

出国期间，不得与我国驻外机构和其他中资机构、企业之间用公款互赠礼品或者纪念品，不得用公款相互宴请。

第二十条 严格根据工作需要编制出境计划，加强因公出境审批和管理，不得违规安排出境考察，不得组织无实质内容的调研、会议、培训等活动。

严格遵守因公出境经费预算、支出、使用、核算等财务制度，不得接受超标准接待和高消费娱乐，不得接受礼金、贵重礼品、有价证券、支付凭证等，严禁参与境外赌博。

第四章　公务接待

第二十一条　建立健全国内公务接待集中管理制度。党政机关公务接待管理部门应当加强对国内公务接待工作的管理、指导和监督。

第二十二条　党政机关应当建立国内公务接待审批控制制度，严格执行公函制度，对无公函的公务活动一律不予接待，严禁将非公务活动纳入接待范围。

第二十三条　党政机关应当严格执行国内公务接待标准，实行接待费支出总额控制制度。

接待单位应当严格按照标准安排接待对象的住宿用房，协助安排用餐、用车的按照标准收取伙食费、交通费。工作餐不得提供高档菜肴，不得提供香烟，不上酒。不得在接待费中列支应当由接待对象承担的费用，不得以举办会议、培训等名义列支、转移、隐匿接待费开支。

接待单位不得在机场、车站、码头和辖区边界组织迎送活动，不得跨地区迎送。严格控制陪同人数，不得层层多人陪同。

接待单位应当严格执行国内公务接待清单制度，如实反映接待对象、公务活动、接待费、陪同和相关工作保障人员等情况。接待清单作为财务报销的凭证之一并接受审计。

第二十四条 外宾接待工作应当遵循服务外交、友好对等、务实节俭的原则。外宾邀请单位应当严格按照有关规定安排接待活动，严格执行接待规格和标准，从严从紧控制外宾团组接待费用。

第二十五条 地方因招商引资等工作需要接待的，应当参照国内公务接待标准要求，统一制度和标准，严格审批管理，强化审计监督，严禁超规格、超标准接待，严禁扩大接待范围、增加接待项目，严禁以招商引资等名义变相安排公务接待。

第二十六条 党政机关不得以任何名义新建、改建、扩建所属宾馆、招待所等具有接待功能的设施或者场所，不得以房屋维修等名义超出实际需要在接待场所超标准建设、豪华装修。

严格控制、严格审批新建扩建党性教育培训机构，不得以建设党性教育培训机构名义变相建设楼堂馆所、变相搞旅游开发。

建立接待资源共享机制，推进机关所属接待、培训场所的集中统一管理和利用。健全服务经营机制，推行机关所属接待、培训场所企业化管理，降低服务经营成本。

积极推进国内公务接待服务社会化改革，有效利用社会资源为国内公务接待提供用车、住宿、用餐等服务。

第五章　公务用车

第二十七条 坚持社会化、市场化方向，建立和实行符合国情的公务用车制度，合理有效配置公务用车资源，创新公务交通分类提供方式，保障公务出行，降低运行成本。

普通公务出行由公务人员自主选择，实行社会化提供。按照有关规定发放公务交通补贴，不得以公务交通补贴的名义变相发放福利，不得既领取公务交通补贴又违规使用公务用车。

第二十八条　党政机关公务用车实行统一编制、统一标准、统一购置经费、统一采购配备管理。

从严配备执法执勤、机要通信、应急保障和特种专业技术用车以及其他用于定向化保障的用车，不得以特殊用途等理由变相超编制、超标准配备公务用车，不得以任何方式换用、借用、占用所属单位或者其他单位和个人的车辆，不得接受企事业单位和个人赠送的车辆。

严格按照规定配备专车，不得擅自扩大专车配备范围或者变相配备专车。

执法执勤用车配备应当严格限制在一线执法执勤岗位，机关内部管理和后勤岗位以及机关所属事业单位一律不得配备。

规范和加强党政机关所属垂直管理机构、派出机构公务用车管理，严格控制公务用车编制，推动车辆盘活利用，避免闲置浪费。

第二十九条　公务用车实行政府集中采购，应当选用国产汽车，优先选用新能源汽车。

公务用车严格按照规定年限更新，达到更新年限仍能继续使用的应当继续使用，不得因领导干部职务晋升、调动等原因提前更新。

公务用车保险、维修、加油等实行政府集中采购，降低运行成本。

第三十条　除涉及国家安全、侦查办案和其他有保密要求的特殊工作用车外，执法执勤等用车应当喷涂明显的统一标识。

第三十一条 根据公务活动需要，严格按照规定使用公务用车，严禁以任何理由挪用或者固定给个人使用执法执勤、机要通信等公务用车，领导干部亲属和身边工作人员不得因私使用配备给领导干部的公务用车。严禁公车私用、私车公养，严禁为公务用车增加高档配置或者豪华内饰。

第六章 会议活动

第三十二条 党政机关应当严格精简会议，召开会议严格实行计划管理，能不开的坚决不开，可合并的坚决合并。从严控制会议规模、会期，合理确定会议规格和参会人员范围、层级，不搞层层陪会。积极运用现代信息技术手段改进会议形式，提高会议效率。

第三十三条 会议召开场所实行政府采购定点管理。会议住宿用房以标准间为主，用餐安排自助餐或者工作餐，严禁提高会议用餐、住宿标准。会议活动现场布置应当简朴，工作会议一律不摆花草、不制作背景板。严禁违反规定到风景名胜区举办会议。

会议期间，不得安排宴请，不得组织旅游以及与会议无关的参观活动，不得以任何名义发放纪念品。

第三十四条 党政机关会议实行分类管理、分级审批。严格执行会议费开支范围、标准和报销制度，未经批准以及超范围、超标准开支的会议费，一律不予报销。严禁违规使用会议费购置办公设备，严禁列支公务接待费等与会议无关的任何费用，严禁套取会议资金。

财政部门应当会同机关事务管理等部门制定本级党政机关会议费管理办法。

第三十五条 健全培训审批制度，严格控制培训数量、时间、规模，严禁以培训名义召开会议。适合采取线上方式培训的应当通过线上方式开展。

严格执行分类培训经费开支标准，严格控制培训经费支出范围，严禁在培训经费中列支公务接待费、会议费等与培训无关的任何费用。严禁以培训名义进行公款宴请、公款旅游活动。

第三十六条 精简规范节庆展会论坛活动，实行清单管理，从严审批。严禁使用财政资金举办营业性文艺演出。从严控制举办大型综合性运动会和各类赛会。

经批准的节庆展会论坛、运动会、赛会等活动，应当严格控制规模和经费支出，不得互相攀比、大操大办、铺张浪费，不得违规摊派或者转嫁费用，不得借举办活动发放各类纪念品，不得违规使用财政资金邀请名人明星参与活动。举办活动应当充分使用现有资源，专门配备的设备在活动结束后应当及时收回，严禁购置奢华物资设备。

第三十七条 精简规范评比达标表彰和创建示范活动，实行清单管理，从严审批。评比达标表彰项目费用由举办单位承担，不得以任何方式向相关单位和个人收取费用。参与评比达标表彰和创建示范活动的单位应当节俭办事，杜绝浪费，不得举债搞创建。不得开展以乡镇（街道）、村（社区）、学校为对象的达标活动。

第七章　办 公 用 房

第三十八条　党政机关办公用房建设应当从严控制。凡是违反规定的拟建办公用房项目，必须坚决终止；凡是未按照规定程序履行审批手续、擅自开工建设的办公用房项目，必须停建并予以没收；凡是超规模、超标准、超投资概算建设的办公用房项目，应当根据具体情况限期腾退超标准面积或者全部没收、拍卖。

党政机关办公用房应当严格管理，推进办公用房资源的公平配置和集约使用。凡是超过规定面积标准占有、使用办公用房以及未经批准租用、借用办公用房的，必须腾退；凡是未经批准改变办公用房使用功能的，原则上应当恢复原使用功能。

第三十九条　党政机关新建、改建、扩建、购置、置换、维修改造、租用、借用办公用房，必须严格按照规定履行审批程序。采取置换方式配置办公用房的，应当执行新建办公用房各项标准，不得以未使用财政资金、资产整合等名义规避审批。

第四十条　党政机关办公用房建设项目应当按照朴素、实用、安全、节能原则，严格执行办公用房建设标准、单位综合造价标准和公共建筑节能设计标准，符合土地利用和城市规划要求，严禁超标准建设和豪华装修。党政机关办公楼不得追求成为城市地标建筑，严禁配套建设大型广场、公园等设施。

第四十一条　党政机关办公用房建设以及维修改造项目投资，统一列入预算安排，未经审批的项目不得安排预算。土地收益和资产转让收益应当按照非税收入有关规定管理，不得直接用于办公用房建设。不得违规利用保基本民生、保工资、保运转和专项债券等其他用途资金建设维修改造办公用房。

第四十二条 党政机关办公用房建设应当严格执行工程招投标和政府采购有关规定，加强对工程项目的全过程监理和审计监督。

办公用房因使用时间较长、设施设备老化、功能不全、存在安全隐患等原因，不能满足办公需求的，可以进行维修改造。维修改造项目应当以消除安全隐患、恢复和完善使用功能、降低能源资源消耗为重点，严格履行审批程序，严格执行维修改造标准。

第四十三条 建立健全办公用房集中统一管理制度，对办公用房实行统一规划、统一权属、统一配置、统一处置。

党政机关应当严格按照有关标准和“三定”规定，从严核定、使用办公用房。超标部分应当腾退移交同级机关事务管理部门统一调剂使用。

新建、调整办公用房的单位，应当按照“建新交旧”、“调新交旧”的原则，在搬入新建或者新调整办公用房的同时，将原办公用房腾退移交机关事务管理部门统一调剂使用。

因机构增设、职能调整等原因确需增加办公用房的，应当在本单位现有办公用房中解决；本单位现有办公用房不能满足需要的，由机关事务管理部门整合办公用房资源调剂解决；无法调剂、确需租用解决的，应当严格履行报批手续，不得以变相补偿方式租用由企业等单位提供的办公用房。

党政机关办公用房闲置的，可以按照规定采取调剂使用、转换用途、置换、出租等方式及时处置利用。

第四十四条 党政机关领导干部应当按照标准配置使用一处办公用房，确因工作需要另行配置办公用房的，应当严格履行审批程序。领导干部不得租用宾馆、酒店房间作为办公用房。配置使用的办公用房，在退休或者调离时应当及时腾退并由原单位收回。

超标办公用房整改优先采取调换或者合用方式，采取工程改造方式整改的，工程改造方案应当简易、合理、厉行节约，多出的办公用房面积公用，不得直接隔断封死，防止造成新的浪费。

第八章 资源节约

第四十五条 党政机关应当节约集约利用资源，加强全过程节约管理，提高能源、水、粮食、办公家具、办公设备、办公用品等的利用效率和效益，统筹利用土地，杜绝浪费行为。

第四十六条 对能源、水的使用实行分类定额和目标责任管理。推广应用节能技术产品，淘汰高耗能设施设备，重点推广应用新能源和可再生能源。积极使用节水型器具，建设节水型单位。

完善节能产品政府采购政策，严格执行节能产品政府强制采购和优先采购制度。

第四十七条 党政机关应当带头开展粮食节约行动，落实反食品浪费管理责任，加强机关食堂反食品浪费工作成效评估和通报，杜绝餐饮浪费。

第四十八条 优化办公家具、办公设备等资产的配置和使用，从严控制新增资产配置，优先通过调剂方式盘活存量资产，节约购置资金。达到更新年限仍能继续使用的应当继续使用，不得报废处置。

对产生的非涉密废纸、废弃电器电子产品等废旧物品进行集中回收处理，促进循环利用；涉及国家秘密的，按照有关保密规定进行销毁。

第四十九条 政务服务应当方便企业和群众办事，相关设施坚持实用原则，不得华而不实、铺张浪费，坚决防治和纠正政务服务中的“面子工程”。

第五十条 党政机关政务信息系统建设应当统筹规划，统一组织实施，防止分散重复建设和频繁升级。建立共享共用机制，加强资源整合，推动重要政务信息系统互联互通、信息共享和业务协同，降低软件开发、系统维护和升级等方面费用，防止资源浪费。

积极利用信息化手段，推行无纸化办公，减少一次性办公用品消耗。

第九章 宣传教育

第五十一条 宣传部门应当把厉行节约反对浪费作为重要宣传内容，充分发挥各级各类媒体作用，注重用好互联网技术和新媒体手段，通过新闻报道、文化作品、公益广告等形式，广泛宣传中华民族勤俭节约的优秀品德，宣传阐释相关制度规定，宣传推广厉行节约的经验做法和先进典型，倡导绿色低碳消费理念和健康文明生活方式，在全社会营造浪费可耻、节约光荣的浓厚氛围。

第五十二条 党政机关应当把加强厉行节约反对浪费教育作为作风建设的重要内容，融入干部队伍建设和机关日常管理之中，建立健全常态化工作机制。对各种铺张浪费现象和行为，应当严肃批评、督促改正。

纪检监察机关应当不定期曝光铺张浪费的典型案例，发挥警示教育作用。

组织人事部门和党校（行政学院）、干部学院应当把厉行节约反对浪费作为干部教育培训的重要内容，创新教育方法，切实增强教育培训的针对性和实效性。

第五十三条 党政机关应当围绕建设节约型机关，组织开展形式多样、便于参与的活动，引导干部职工增强节约意识、珍惜物力财力，积极培育和形成崇尚节约、厉行节约、反对浪费的机关文化，为在全社会形成节俭之风发挥示范表率作用。

第十章 监督追责

第五十四条 各级党委和政府应当建立健全厉行节约反对浪费监督检查机制，加大监督力度。

党委（党组）在巡视巡察工作中应当加强对厉行节约反对浪费落实情况的监督。

党委和政府办公厅（室）负责统筹协调有关部门开展对厉行节约反对浪费工作的督促检查，针对突出问题开展重点检查、暗访等专项活动，加大对典型问题的通报力度。

纪检监察机关应当加强对厉行节约反对浪费工作的监督，受理群众举报和有关部门移送的问题线索，及时查处违纪违法问题。

财政部门应当加强对党政机关预算管理有关工作以及财务、政府采购和会计等事项的财会监督，依法处理发现的违规问题，并及时向本级党委和政府汇报有关结果。

审计机关应当加强对党政机关预算执行、决算和其他财政收支情况，以及有关经济活动的审计监督，加大对党政机关公务支出和公款消费的审计力度，及时向本级党委和政府报告审计结果，依法处理、督促整改违规问题，并将涉嫌违纪违法问题移送有关部门查处。

支持人大、政协依法依章程加强对党政机关厉行节约反对浪费工作情况的监督。重视各级各类媒体在厉行节约反对浪费方面的舆论监督作用。发挥群众对党政机关及其工作人员铺张浪费行为的监督作用。

第五十五条 党委（党组）在每年度向上级党组织报送的落实全面从严治党主体责任情况报告中，应当报告本地区、本部门、本单位厉行节约反对浪费工作情况。

领导干部厉行节约反对浪费工作情况，应当列为领导班子民主生活会和领导干部述责述廉的重要内容并接受评议。

第五十六条 党政机关应当建立健全厉行节约反对浪费信息公开制度，按照及时、方便、多样的原则，依规依法将应当公开的有关情况以适当方式公开。

第五十七条 有下列情形之一的，应当依规依纪依法追究负有领导责任的主要负责人或者有关领导干部的责任：

（一）政绩观错位，搞“形象工程”、“政绩工程”造成公共资金、资产和资源损失浪费；

（二）本地区、本部门、本单位铺张浪费、奢侈奢华问题严重，对发现的问题查处不力，干部群众反映强烈；

（三）指使、纵容管辖单位或者人员违反本条例规定造成浪费；

（四）不履行或者不正确履行内部审批、管理、监督职责造成浪费；

（五）不按照规定及时公开本地区、本部门、本单位有关厉行节约反对浪费工作信息；

（六）其他对本地区、本部门、本单位铺张浪费问题负有领导责任的情形。

第五十八条 有下列情形之一的，应当依规依纪依法追究有关人员的责任：

（一）未经审批列支财政性资金；

（二）采取弄虚作假等手段违规取得审批；

（三）违反审批要求擅自变通执行；

（四）违反管理规定超标准或者以虚假事项开支；

（五）利用职务便利假公济私；

（六）其他违反审批、管理、监督规定的情形。

第五十九条 党政机关工作人员违反本条例规定造成浪费的，根据情节轻重，依规依纪依法给予批评教育、责令检查、诫勉、组织处理或者党纪政务处分。

第六十条 违反本条例规定获得的经济利益，应当依规依纪依法予以没收、追缴或者责令退赔。

第十一章 附 则

第六十一条 省、自治区、直辖市，中央和国家机关各部门，可以根据本条例，结合实际制定实施办法。有关职能部门应当根据各自职责，制定完善相关配套制度。

国有企业、国有金融企业、不参照公务员法管理的事业单位，参照本条例执行。

中国人民解放军和中国人民武装警察部队按照军队有关规定执行。

第六十二条 本条例由中央办公厅、国务院办公厅会同有关部门解释。

第六十三条 本条例自发布之日起施行。中央党内法规和法律另有规定的，从其规定。

机关团体建设楼堂馆所管理条例

（2017 年 8 月 18 日国务院第 182 次常务会议通过
2017 年 10 月 5 日中华人民共和国国务院令第 688 号
公布 自 2017 年 12 月 1 日起施行）

第一章 总 则

第一条 为了严格控制机关、团体建设楼堂馆所，厉行节约、反对浪费，制定本条例。

第二条 机关、团体建设楼堂馆所，适用本条例。

本条例所称建设，是指新建、扩建、改建、购置；所称楼堂馆所，是指办公用房以及培训中心等各类具有住宿、会议、餐饮等接待功能的场所和设施。

第三条 建设办公用房应当严格履行审批程序，严格执行建设标准。未经批准，不得建设办公用房。

禁止以技术业务用房等名义建设办公用房或者违反规定在技术业务用房中设置办公用房。

第四条 建设办公用房应当遵循朴素、实用、安全、节能的原则。

国务院发展改革部门会同国务院住房城乡建设部门、财政部门制定办公用房建设标准，并向社会公布。

第五条 机关、团体不得建设培训中心等各类具有住宿、会议、餐饮等接待功能的场所和设施。

第二章 项目审批

第六条 建设办公用房的，应当向负责项目审批的机关（以下简称审批机关）报送项目建议书、可行性研究报告、初步设计；购置办公用房的，不报送初步设计。

根据办公用房项目的具体情况，经审批机关同意，项目建议书、可行性研究报告、初步设计可以合并编制报送。

第七条 办公用房项目的审批机关及其审批权限，按照国家有关规定执行。

第八条　审批机关应当严格审核办公用房项目，按照建设标准核定建设内容、建设规模和投资概算。

第九条　办公用房项目有下列情形之一的，审批机关不得批准：

（一）属于禁止建设办公用房的情形；

（二）建设的必要性不充分；

（三）建设资金来源不符合规定；

（四）建设内容、建设规模等不符合建设标准；

（五）其他不得批准的情形。

第十条　对未经批准的办公用房项目，不得办理规划、用地、施工等相关手续，不得安排预算、拨付资金。

第十一条　办公用房项目应当按照审批机关核定的建设内容、建设规模和投资概算进行设计、施工。因国家政策调整、价格上涨、地质条件发生重大变化等原因确需增加投资概算的，应当经原审批机关批准。

第十二条　审批机关应当完善审批工作流程，建立健全审批工作责任制和内部监督机制。

第三章　建 设 资 金

第十三条　办公用房项目的建设资金由预算资金安排。

办公用房项目的建设资金来源不得有下列情形：

（一）挪用各类专项资金；

（二）向单位、个人摊派；

（三）向银行等金融机构借款；

（四）接受赞助或者捐赠；

（五）其他违反规定的情形。

第十四条 办公用房项目的建设资金按照国库集中支付制度的有关规定支付。

第十五条 办公用房项目竣工后，建设单位应当按照规定及时组织编报竣工财务决算，并及时办理固定资产入账手续。

第四章 监督检查

第十六条 审批机关、财政部门、审计机关、监察机关（以下统称监督检查机关）应当按照各自的职责，加强对建设楼堂馆所活动的监督检查和绩效评价。

监督检查机关应当密切配合，建立信息共享机制，并根据实际需要开展联合监督检查、专项监督检查。

第十七条 监督检查机关对建设楼堂馆所活动实施监督检查，有权要求建设单位以及其他相关单位提供有关文件和资料，向有关人员了解情况，进行现场核查。建设单位以及其他相关单位对监督检查应当予以配合，不得拒绝、阻碍。

第十八条 建设单位应当按照有关规定加强办公用房项目档案管理，将项目审批和实施过程中的有关文件、资料存档备查。

第十九条 除依法应当保密的情形外，下列信息应当通过政府网站等便于公众知晓的方式公开：

（一）办公用房项目审批情况，包括建设单位名称、批准的理由以及建设内容、建设规模、投资概算等；增加投资概算的，还应当公开增加投资概算的情况和理由。

（二）监督检查情况，包括发现的违法建设楼堂馆所的单位名称、基本事实以及处理结果等。

第二十条 对违反本条例规定的行为，任何单位和个人有权向监督检查机关举报。

监督检查机关应当通过公开举报电话和邮箱、在政府网站设置举报专栏等方式，接受单位和个人的举报，并及时依法处理。

第五章 法律责任

第二十一条 机关、团体有下列情形之一的，根据具体情况责令停止相关建设活动或者改正，对所涉楼堂馆所予以收缴、拍卖或者责令限期腾退，对负有责任的领导人员和直接责任人员依法给予处分：

（一）建设培训中心等各类具有住宿、会议、餐饮等接待功能的场所和设施；

（二）未经批准建设办公用房；

（三）以技术业务用房等名义建设办公用房，或者违反规定在技术业务用房中设置办公用房；

（四）擅自改变建设内容、扩大建设规模，或者擅自增加投资概算；

（五）办公用房项目建设资金来源不符合规定。

第二十二条 有下列情形之一的，责令改正，对负有责任的领导人员和直接责任人员依法给予处分：

（一）超越审批权限审批办公用房项目；

（二）对不符合规定的办公用房项目予以批准；

（三）对未经批准的办公用房项目办理规划、用地、施工等相关手续，或者安排预算、拨付资金；

（四）其他滥用职权、玩忽职守、徇私舞弊的情形。

第二十三条 建设单位未按照规定将办公用房项目审批和实施过程中的有关文件、资料存档备查，或者转移、隐匿、篡改、毁弃有关文件、资料的，责令改正，对负有责任的领导人员和直接责任人员依法给予处分。

第二十四条 本条例第二十一条至第二十三条规定的处分，由监察机关或者其他有关机关按照管理权限实施，其他处理措施由审批机关实施。

第二十五条 违反本条例规定，构成犯罪的，依法追究刑事责任。

第六章 附　则

第二十六条 本条例所称团体，是指工会、共青团、妇联等人民团体。

第二十七条 财政给予经费保障的事业单位和人民团体以外的其他团体建设楼堂馆所，参照适用本条例。

第二十八条 机关、人民团体、财政给予经费保障的事业单位和其他团体维修办公用房，应当严格履行审批程序，执行维修标准。禁止进行超标准装修或者配置超标准的设施。

违反前款规定的，根据具体情况责令停止维修活动或者改正，对负有责任的领导人员和直接责任人员依法给予处分。

第二十九条 财政给予经费补助的事业单位和人民团体以外的其他团体建设、维修楼堂馆所的管理办法，由国务院发展改革部门会同国务院财政部门、住房城乡建设部门等有关部门以及有关机关事务管理部门按照确有必要、严格控制的原则制定。

国有企业建设、维修楼堂馆所的管理办法，由国务院发展改革部门会同国务院国有资产监督管理机构、财政部门、住房城乡建设部门等有关部门，按照前款规定的原则制定。

第三十条 军队单位建设、维修楼堂馆所，按照军队的有关规定执行。

第三十一条 本条例自 2017 年 12 月 1 日起施行。国务院 1988 年 9 月 22 日发布施行的《楼堂馆所建设管理暂行条例》同时废止。

中央和国家机关差旅费管理办法

（2013 年 12 月 31 日　财行〔2013〕531 号）

第一章　总　　则

第一条 为加强和规范中央和国家机关国内差旅费管理，推进厉行节约反对浪费，根据《党政机关厉行节约反对浪费条例》，制定本办法。

第二条 本办法适用于中央和国家机关，以及参照公务员法管理的事业单位（以下简称中央单位）。

本办法所称中央和国家机关，是指党中央各部门，国务院各部委、各直属机构，全国人大常委会办公厅，全国政协办公厅，最高人民法院，最高人民检察院，各人民团体、各民主党派中央和全国工商联。

第三条 差旅费是指工作人员临时到常驻地以外地区公务出差所发生的城市间交通费、住宿费、伙食补助费和市内交通费。

第四条 中央单位应当建立健全公务出差审批制度。出差必须按规定报经单位有关领导批准，从严控制出差人数和天数；严格差旅费预算管理，控制差旅费支出规模；严禁无实质内容、无明确公务目的的差旅活动，严禁以任何名义和方式变相旅游，严禁异地部门间无实质内容的学习交流和考察调研。

第五条 财政部按照分地区、分级别、分项目的原则制定差旅费标准，并根据经济社会发展水平、市场价格及消费水平变动情况适时调整。

第二章 城市间交通费

第六条 城市间交通费是指工作人员因公到常驻地以外地区出差乘坐火车、轮船、飞机等交通工具所发生的费用。

第七条 出差人员应当按规定等级乘坐交通工具。乘坐交通工具的等级见下表：

级别＼交通工具	火车（含高铁、动车、全列软席列车）	轮船（不包括旅游船）	飞机	其他交通工具（不包括出租小汽车）
部级及相当职务人员	火车软席（软座、软卧），高铁/动车商务座，全列软席列车一等软座	一等舱	头等舱	凭据报销
司局级及相当职务人员	火车软席（软座、软卧），高铁/动车一等座，全列软席列车一等软座	二等舱	经济舱	凭据报销
其余人员	火车硬席（硬座、硬卧），高铁/动车二等座、全列软席列车二等软座	三等舱	经济舱	凭据报销

部级及相当职务人员出差，因工作需要，随行一人可乘坐同等级交通工具。

未按规定等级乘坐交通工具的，超支部分由个人自理。

第八条 到出差目的地有多种交通工具可选择时，出差人员在不影响公务、确保安全的前提下，应当选乘经济便捷的交通工具。

第九条 乘坐飞机的，民航发展基金、燃油附加费可以凭据报销。

第十条 乘坐飞机、火车、轮船等交通工具的，每人次可以购买交通意外保险一份。所在单位统一购买交通意外保险的，不再重复购买。

第三章　住 宿 费

第十一条　住宿费是指工作人员因公出差期间入住宾馆（包括饭店、招待所，下同）发生的房租费用。

第十二条　财政部分地区制定住宿费限额标准。各省、自治区、直辖市和计划单列市财政厅（局）根据当地经济社会发展水平、市场价格、消费水平等因素，提出所在市（省会城市、直辖市、计划单列市，下同）的住宿费限额标准报财政部，经财政部统筹研究提出意见反馈地方审核确认后，由财政部统一发布作为中央单位工作人员到相关地区出差的住宿费限额标准（见附表）。

对于住宿价格季节性变化明显的城市，住宿费限额标准在旺季可适当上浮一定比例，具体规定由财政部另行发布。

第十三条　部级及相当职务人员住普通套间，司局级及以下人员住单间或标准间。

第十四条　出差人员应当在职务级别对应的住宿费标准限额内，选择安全、经济、便捷的宾馆住宿。

第四章　伙食补助费

第十五条　伙食补助费是指对工作人员在因公出差期间给予的伙食补助费用。

第十六条　伙食补助费按出差自然（日历）天数计算，按规定标准包干使用。

第十七条　财政部分地区制定伙食补助费标准。各省、自治区、直辖市和计划单列市财政厅（局）负责根据当地经济社会发展水平、市场价格、消费水平等因素，参照所在市公务接待工作餐、会议用餐等标准提出伙食补助费标准报财政部，经财政部统筹研究提出意见反馈地方审核确认后，由财政部统一发布作为中央单位工作人员到相关地区出差的伙食补助费标准（见附表）。

第十八条 出差人员应当自行用餐。凡由接待单位统一安排用餐的，应当向接待单位交纳伙食费。

第五章 市内交通费

第十九条 市内交通费是指工作人员因公出差期间发生的市内交通费用。

第二十条 市内交通费按出差自然（日历）天数计算，每人每天80元包干使用。

第二十一条 出差人员由接待单位或其他单位提供交通工具的，应向接待单位或其他单位交纳相关费用。

第六章 报销管理

第二十二条 出差人员应当严格按规定开支差旅费，费用由所在单位承担，不得向下级单位、企业或其他单位转嫁。

第二十三条 城市间交通费按乘坐交通工具的等级凭据报销，订票费、经批准发生的签转或退票费、交通意外保险费凭据报销。

住宿费在标准限额之内凭发票据实报销。

伙食补助费按出差目的地的标准报销，在途期间的伙食补助费按当天最后到达目的地的标准报销。

市内交通费按规定标准报销。

未按规定开支差旅费的，超支部分由个人自理。

第二十四条 工作人员出差结束后应当及时办理报销手续。差旅费报销时应当提供出差审批单、机票、车票、住宿费发票等凭证。

住宿费、机票支出等按规定用公务卡结算。

第二十五条 财务部门应当严格按规定审核差旅费开支，对未经批准出差以及超范围、超标准开支的费用不予报销。

实际发生住宿而无住宿费发票的，不得报销住宿费以及城市间交通费、伙食补助费和市内交通费。

第七章 监督问责

第二十六条 各单位应当加强对本单位工作人员出差活动和经费报销的内控管理，对本单位出差审批制度、差旅费预算及规模控制负责，相关领导、财务人员等对差旅费报销进行审核把关，确保票据来源合法，内容真实完整、合规。对未经批准擅自出差、不按规定开支和报销差旅费的人员进行严肃处理。

一级预算单位应当强化对所属预算单位的监督检查，发现问题及时处理，重大问题向财政部报告。

各单位应当自觉接受审计部门对出差活动及相关经费支出的审计监督。

第二十七条 财政部会同有关部门对中央单位差旅费管理和使用情况进行监督检查。主要内容包括：

（一）单位差旅审批制度是否健全，出差活动是否按规定履行审批手续；

（二）差旅费开支范围和标准是否符合规定；

（三）差旅费报销是否符合规定；

（四）是否向下级单位、企业或其他单位转嫁差旅费；

（五）差旅费管理和使用的其他情况。

第二十八条 出差人员不得向接待单位提出正常公务活动以外的要求，不得在出差期间接受违反规定用公款支付的宴请、游览和非工作需要的参观，不得接受礼品、礼金和土特产品等。

第二十九条 违反本办法规定，有下列行为之一的，依法依规追究相关单位和人员的责任：

（一）单位无出差审批制度或出差审批控制不严的；

（二）虚报冒领差旅费的；

（三）擅自扩大差旅费开支范围和提高开支标准的；

（四）不按规定报销差旅费的；

（五）转嫁差旅费的；

（六）其他违反本办法行为的。

有前款所列行为之一的，由财政部会同有关部门责令改正，违规资金应予追回，并视情况予以通报。对直接责任人和相关负责人，报请其所在单位按规定给予行政处分。涉嫌违法的，移送司法机关处理。

第八章　附　　则

第三十条　工作人员外出参加会议、培训，举办单位统一安排食宿的，会议、培训期间的食宿费和市内交通费由会议、培训举办单位按规定统一开支；往返会议、培训地点的差旅费由所在单位按照规定报销。

第三十一条　不参照公务员法管理的事业单位参照本办法执行。

各单位应当根据本办法，结合本单位实际情况制定具体操作规定。

中国人民解放军和中国人民武装警察部队的差旅费管理办法参照本办法另行规定。

第三十二条　本办法由财政部负责解释。

第三十三条　本办法自 2014 年 1 月 1 日起施行。2006 年 11 月 13 日发布的《财政部关于印发〈中央国家机关和事业单位差旅费管理办法〉的通知》（财行〔2006〕313 号）同时废止，其他有关中央国家机关和事业单位差旅费管理规定与本办法不一致的，按照本办法执行。

附表：中央和国家机关差旅住宿费和伙食补助费标准表（略）

中央和国家机关工作人员赴地方差旅住宿费标准明细表

（2016 年 4 月 1 日　财行〔2016〕71 号）

单位：元/人·天

<table>
<tr><th rowspan="3">序号</th><th rowspan="3" colspan="2">地区（城市）</th><th rowspan="2" colspan="3">住宿费标准</th><th rowspan="3">旺季地区</th><th colspan="4">旺季浮动标准</th></tr>
<tr><th rowspan="2">旺季期间</th><th colspan="3">旺季上浮价</th></tr>
<tr><th>部级</th><th>司局级</th><th>其他人员</th><th>部级</th><th>司局级</th><th>其他人员</th></tr>
<tr><td>1</td><td>北京</td><td>全市</td><td>1100</td><td>650</td><td>500</td><td></td><td></td><td></td><td></td><td></td></tr>
<tr><td rowspan="2">2</td><td rowspan="2">天津</td><td>6 个中心城区、滨海新区、东丽区、西青区、津南区、北辰区、武清区、宝坻区、静海区、蓟县</td><td>800</td><td>480</td><td>380</td><td></td><td></td><td></td><td></td><td></td></tr>
<tr><td>宁河区</td><td>600</td><td>350</td><td>320</td><td></td><td></td><td></td><td></td><td></td></tr>
<tr><td rowspan="4">3</td><td rowspan="4">河北</td><td rowspan="3">石家庄市、张家口市、秦皇岛市、廊坊市、承德市、保定市</td><td rowspan="3">800</td><td rowspan="3">450</td><td rowspan="3">350</td><td>张家口市</td><td>7—9 月、11—3 月</td><td>1200</td><td>675</td><td>525</td></tr>
<tr><td>秦皇岛市</td><td>7—8 月</td><td>1200</td><td>680</td><td>500</td></tr>
<tr><td>承德市</td><td>7—9 月</td><td>1000</td><td>580</td><td>580</td></tr>
<tr><td>其他地区</td><td>800</td><td>450</td><td>310</td><td></td><td></td><td></td><td></td><td></td></tr>
<tr><td rowspan="4">4</td><td rowspan="4">山西</td><td>太原市、大同市、晋城市</td><td>800</td><td>480</td><td>350</td><td></td><td></td><td></td><td></td><td></td></tr>
<tr><td>临汾市</td><td>800</td><td>480</td><td>330</td><td></td><td></td><td></td><td></td><td></td></tr>
<tr><td>阳泉市、长治市、晋中市</td><td>800</td><td>480</td><td>310</td><td></td><td></td><td></td><td></td><td></td></tr>
<tr><td>其他地区</td><td>800</td><td>400</td><td>240</td><td></td><td></td><td></td><td></td><td></td></tr>
</table>

续表

序号	地区（城市）		住宿费标准			旺季地区	旺季浮动标准			
							旺季期间	旺季上浮价		
			部级	司局级	其他人员			部级	司局级	其他人员
5	内蒙古	呼和浩特市	800	460	350					
		其他地区	800	460	320	海拉尔市、满洲里市、阿尔山市	7—9月	1200	690	480
						二连浩特市	7—9月	1000	580	400
						额济纳旗	9—10月	1200	690	480
6	辽宁	沈阳市	800	480	350					
		其他地区	800	480	330					
7	大连	全市	800	490	350	全市	7—9月	960	590	420
8	吉林	长春市、吉林市、延边州、长白山管理区	800	450	350	吉林市、延边州、长白山管理区	7—9月	960	540	420
		其他地区	750	400	300					
9	黑龙江	哈尔滨市	800	450	350	哈尔滨市	7—9月	960	540	420
		其他地区	750	450	300	牡丹江市、伊春市、大兴安岭地区、黑河市、佳木斯市	6—8月	900	540	360
10	上海	全市	1100	600	500					
11	江苏	南京市、苏州市、无锡市、常州市、镇江市	900	490	380					
		其他地区	900	490	360					
12	浙江	杭州市	900	500	400					
		其他地区	800	490	340					
13	宁波	全市	800	450	350					
14	安徽	全省	800	460	350					
15	福建	福州市、泉州市、平潭综合实验区	900	480	380					
		其他地区	900	480	350					
16	厦门	全市	900	500	400					

续表

序号	地区（城市）		住宿费标准			旺季地区	旺季浮动标准			
							旺季期间	旺季上浮价		
			部级	司局级	其他人员			部级	司局级	其他人员
17	江西	全省	800	470	350					
18	山东	济南市、淄博市、枣庄市、东营市、烟台市、潍坊市、济宁市、泰安市、威海市、日照市	800	480	380	烟台市、威海市、日照市	7—9月	960	570	450
		其他地区	800	460	360					
19	青岛	全市	800	490	380	全市	7—9月	960	590	450
20	河南	郑州市	900	480	380					
		其他地区	800	480	330	洛阳市	4—5月上旬	1200	720	500
21	湖北	武汉市	800	480	350					
		其他地区	800	480	320					
22	湖南	长沙市	800	450	350					
		其他地区	800	450	330					
23	广东	广州市、珠海市、佛山市、东莞市、中山市、江门市	900	550	450					
		其他地区	850	530	420					
24	深圳	全市	900	550	450					
25	广西	南宁市	800	470	350					
		其他地区	800	470	330	桂林市、北海市	1—2月、7—9月	1040	610	430
26	海南	海口市、三沙市、儋州市、五指山市、文昌市、琼海市、万宁市、东方市、定安县、屯昌县、澄迈县、临高县、白沙县、昌江县、乐东县、陵水县、保亭县、琼中县、洋浦开发区	800	500	350	海口市、文昌市、澄迈县	11—2月	1040	650	450
						琼海市、万宁市、陵水县、保亭县	11—3月	1040	650	450
		三亚市	1000	600	400	三亚市	10—4月	1200	720	480

续表

序号	地区（城市）		住宿费标准			旺季地区	旺季浮动标准			
							旺季期间	旺季上浮价		
			部级	司局级	其他人员			部级	司局级	其他人员
27	重庆	9个中心城区、北部新区	800	480	370					
		其他地区	770	450	300					
28	四川	成都市	900	470	370					
		阿坝州、甘孜州	800	430	330					
		绵阳市、乐山市、雅安市	800	430	320					
		宜宾市	800	430	300					
		凉山州	750	430	330					
		德阳市、遂宁市、巴中市	750	430	310					
		其他地区	750	430	300					
29	贵州	贵阳市	800	470	370					
		其他地区	750	450	300					
30	云南	昆明市、大理州、丽江市、迪庆州、西双版纳州	900	480	380					
		其他地区	900	480	330					
31	西藏	拉萨市	800	500	350	拉萨市	6—9月	1200	750	530
		其他地区	500	400	300	其他地区	6—9月	800	500	350
32	陕西	西安市	800	460	350					
		榆林市、延安市	680	350	300					
		杨凌区	680	320	260					
		咸阳市、宝鸡市	600	320	260					
		渭南市、韩城市	600	300	260					
		其他地区	600	300	230					
33	甘肃	兰州市	800	470	350					
		其他地区	700	450	310					

续表

<table>
<tr><td rowspan="3">序号</td><td rowspan="3" colspan="2">地区
（城市）</td><td colspan="3" rowspan="2">住宿费标准</td><td rowspan="3">旺季地区</td><td colspan="4">旺季浮动标准</td></tr>
<tr><td rowspan="2">旺季期间</td><td colspan="3">旺季上浮价</td></tr>
<tr><td>部级</td><td>司局级</td><td>其他人员</td><td>部级</td><td>司局级</td><td>其他人员</td></tr>
<tr><td rowspan="5">34</td><td rowspan="5">青海</td><td>西宁市</td><td>800</td><td>500</td><td>350</td><td>西宁市</td><td>6—9 月</td><td>1200</td><td>750</td><td>530</td></tr>
<tr><td>玉树州、果洛州</td><td>600</td><td>350</td><td>300</td><td>玉树州</td><td>5—9 月</td><td>900</td><td>525</td><td>450</td></tr>
<tr><td>海北州、黄南州</td><td>600</td><td>350</td><td>250</td><td>海北州、黄南州</td><td>5—9 月</td><td>900</td><td>525</td><td>375</td></tr>
<tr><td>海东市、海南州</td><td>600</td><td>300</td><td>250</td><td>海东市、海南州</td><td>5—9 月</td><td>900</td><td>450</td><td>375</td></tr>
<tr><td>海西州</td><td>600</td><td>300</td><td>200</td><td>海西州</td><td>5—9 月</td><td>900</td><td>450</td><td>300</td></tr>
<tr><td rowspan="2">35</td><td rowspan="2">宁夏</td><td>银川市</td><td>800</td><td>470</td><td>350</td><td></td><td></td><td></td><td></td><td></td></tr>
<tr><td>其他地区</td><td>800</td><td>430</td><td>330</td><td></td><td></td><td></td><td></td><td></td></tr>
<tr><td rowspan="6">36</td><td rowspan="6">新疆</td><td>乌鲁木齐市</td><td>800</td><td>480</td><td>350</td><td></td><td></td><td></td><td></td><td></td></tr>
<tr><td>石河子市、克拉玛依市、昌吉州、伊犁州、阿勒泰地区、博州、吐鲁番市、哈密地区、巴州、和田地区</td><td>800</td><td>480</td><td>340</td><td></td><td></td><td></td><td></td><td></td></tr>
<tr><td>克州</td><td>800</td><td>480</td><td>320</td><td></td><td></td><td></td><td></td><td></td></tr>
<tr><td>喀什地区</td><td>780</td><td>480</td><td>300</td><td></td><td></td><td></td><td></td><td></td></tr>
<tr><td>阿克苏地区</td><td>700</td><td>450</td><td>300</td><td></td><td></td><td></td><td></td><td></td></tr>
<tr><td>塔城地区</td><td>700</td><td>400</td><td>300</td><td></td><td></td><td></td><td></td><td></td></tr>
</table>

中央和国家机关会议费管理办法①

（2016 年 6 月 29 日　财行〔2016〕214 号）

第一章　总　　则

第一条　为进一步加强和规范中央和国家机关会议费管理，精简会议，改进会风，提高会议效率和质量，节约会议经费开支，制定本办法。

第二条　中央和国家机关会议的分类、审批和会议费管理等，适用本办法。

本办法所称中央和国家机关，是指党中央各部门，国务院各部委、各直属机构，全国人大常委会办公厅，全国政协办公厅，最高人民法院，最高人民检察院，各人民团体、各民主党派中央和全国工商联（以下简称各单位）。

第三条　各单位召开会议应当坚持厉行节约、反对浪费、规范简朴、务实高效的原则，严格控制会议数量和规模，规范会议费管理。

① 根据 2019 年 3 月 8 日《财政部、国家机关事务管理局、中共中央直属机关事务管理局关于停止执行会议年度计划执行情况报告制度的通知》（财行〔2019〕16 号）：一、停止执行《中央和国家机关会议费管理办法》（财行〔2016〕214 号）第二十条、第二十一条、第二十二条第四款和第二十五条第四款中“按规定报送会议年度报告”的有关规定。二、各部门应当继续严格按照《党政机关厉行节约反对浪费条例》和会议费制度有关规定，完善会议计划编报和审批制度，严格计划执行，加强监督检查，有效控制会议数量和规模，持续规范会议费管理。

第四条 各单位召开的会议实行分类管理、分级审批。

第五条 各单位应当严格会议费预算管理，控制会议费预算规模。会议费预算应当细化到具体会议项目，执行中不得突破。会议费应当纳入部门预算，并单独列示。

第二章 会议分类和审批

第六条 中央和国家机关会议分类如下：

一类会议。是以党中央和国务院名义召开的，要求省、自治区、直辖市、计划单列市或中央部门负责同志参加的会议。

二类会议。是党中央和国务院各部委、各直属机构，最高人民法院，最高人民检察院，各人民团体召开的，要求省、自治区、直辖市、计划单列市有关厅（局）或本系统、直属机构负责同志参加的会议。

三类会议。是党中央和国务院各部委、各直属机构，最高人民法院，最高人民检察院，各人民团体及其所属内设机构召开的，要求省、自治区、直辖市、计划单列市有关厅（局）或本系统机构有关人员参加的会议。

四类会议。是指除上述一、二、三类会议以外的其他业务性会议，包括小型研讨会、座谈会、评审会等。

第七条 中央和国家机关会议按以下程序和要求进行审批：

一类会议。应当由主办单位报经党中央和国务院批准。会议总务、经费预算及费用结算等工作分别由中共中央直属机关事务管理局（以下简称中直管理局）和国家机关事务管理局（以下简称国管局）负责。

二类会议。党中央和国务院各部委、各直属机构，各人民团体应当于每年12月底前，将下一年度会议计划（包括会议名称、召开的理由、主要内容、时间地点、代表人数、工作人员数、所需经费及列支渠道等）送财政部审核会签，按程序经中央办公厅、国务院办公厅审核后报批。各单位召开二类会议原则上每年不超过1次。

三类会议。各单位应当建立会议计划编报和审批制度，年度会议计划（包括会议数量、会议名称、召开的理由、主要内容、时间地点、代表人数、工作人员数、所需经费及列支渠道等）经单位领导办公会或党组（党委）会审批后执行。

四类会议。由单位分管领导审核后列入单位年度会议计划。

年度会议计划一经批准，原则上不得调整。对党中央、国务院交办等确需临时增加的会议，按规定程序报批。

第八条 一类会议会期按照批准文件，根据工作需要从严控制；二、三、四类会议会期均不得超过2天；传达、布置类会议会期不得超过1天。

会议报到和离开时间，一、二、三类会议合计不得超过2天，四类会议合计不得超过1天。

第九条 各单位应当严格控制会议规模。

一类会议参会人员按照批准文件，根据会议性质和主要内容确定，严格限定会议代表和工作人员数量。

二类会议参会人员不得超过300人，其中，工作人员控制在会议代表人数的15%以内；不请省、自治区、直辖市和中央部门主要负责同志、分管负责同志出席。

三类会议参会人员不得超过 150 人，其中，工作人员控制在会议代表人数的 10%以内。

四类会议参会人员视内容而定，一般不得超过 50 人。

第十条 全国人大常委会办公厅、全国政协办公厅、各民主党派中央和全国工商联的会议分类、审批事项、会期及参会人员等，由上述部门依据法律法规、章程规定，参照第六条至第九条作出规定，并报财政部备案。

第十一条 各单位召开会议应当改进会议形式，充分运用电视电话、网络视频等现代信息技术手段，降低会议成本，提高会议效率。

传达、布置类会议优先采取电视电话、网络视频会议方式召开。电视电话、网络视频会议的主会场和分会场应当控制规模，节约费用支出。

第十二条 不能够采用电视电话、网络视频召开的会议实行定点管理。各单位会议应当到定点会议场所召开，按照协议价格结算费用。未纳入定点范围，价格低于会议综合定额标准的单位内部会议室、礼堂、宾馆、招待所、培训中心，可优先作为本单位或本系统会议场所。

无外地代表且会议规模能够在单位内部会议室安排的会议，原则上在单位内部会议室召开，不安排住宿。

第十三条 参会人员以在京单位为主的会议不得到京外召开。各单位不得到党中央、国务院明令禁止的风景名胜区召开会议。

第三章　会议费开支范围、标准和报销支付

第十四条　会议费开支范围包括会议住宿费、伙食费、会议场地租金、交通费、文件印刷费、医药费等。

前款所称交通费是指用于会议代表接送站，以及会议统一组织的代表考察、调研等发生的交通支出。

会议代表参加会议发生的城市间交通费，按照差旅费管理办法的规定回单位报销。

第十五条　会议费开支实行综合定额控制，各项费用之间可以调剂使用。

会议费综合定额标准如下：

单位：元/人·天

会议类别	住宿费	伙食费	其他费用	合计
一类会议	500	150	110	760
二类会议	400	150	100	650
三、四类会议	340	130	80	550

综合定额标准是会议费开支的上限。各单位应在综合定额标准以内结算报销。

第十六条　一类会议费在部门预算专项经费中列支，二、三、四类会议费原则上在部门预算公用经费中列支。

会议费由会议召开单位承担，不得向参会人员收取，不得以任何方式向下属机构、企事业单位、地方转嫁或摊派。

第十七条　各单位在会议结束后应当及时办理报销手续。会议费报销时应当提供会议审批文件、会议通知及实际参会人

员签到表、定点会议场所等会议服务单位提供的费用原始明细单据、电子结算单等凭证。财务部门要严格按规定审核会议费开支，对未列入年度会议计划，以及超范围、超标准开支的经费不予报销。

第十八条　各单位会议费支付，应当严格按照国库集中支付制度和公务卡管理制度的有关规定执行，以银行转账或公务卡方式结算，禁止以现金方式结算。

具备条件的，会议费应当由单位财务部门直接结算。

第四章　会议费公示和年度报告制度

第十九条　各单位应当将非涉密会议的名称、主要内容、参会人数、经费开支等情况在单位内部公示或提供查询，具备条件的应当向社会公开。

第二十条　一级预算单位应当于每年3月底前，将本级和下属预算单位上年度会议计划和执行情况（包括会议名称、主要内容、时间地点、代表人数、工作人员数、经费开支及列支渠道等）汇总后报财政部。党中央各部门同时抄送中直管理局，国务院各部门同时抄送国管局。

第二十一条　财政部对各单位报送的会议年度报告进行汇总分析，针对执行中存在的问题，及时完善相关制度。

第五章　管理职责

第二十二条　财政部的主要职责是：

（一）会同国管局、中直管理局等部门制定或修订中央本级会议费管理办法，并对执行情况进行监督检查；

（二）按规定对各单位报送的二类会议计划进行审核会签；

（三）对会议费支付结算实施动态监控；

（四）对各单位报送的会议年度报告进行汇总分析，提出加强管理的措施。

第二十三条 国管局的主要职责是：

（一）配合财政部制定或修订中央和国家机关会议费管理办法；

（二）负责国务院召开的一类会议的总务工作；

（三）配合财政部对国务院各部委、各直属机构会议费执行情况进行监督检查。

第二十四条 中直管理局的主要职责是：

（一）配合财政部制定或修订中央和国家机关会议费管理办法；

（二）负责党中央召开的一类会议的总务工作；

（三）配合财政部对中央各部门会议费执行情况进行监督检查。

第二十五条 各单位的主要职责是：

（一）负责制定本单位会议费管理的实施细则；

（二）负责单位年度会议计划编制和三类、四类会议的审批管理；

（三）负责安排会议预算并按规定管理、使用会议费，做好相应的财务管理和会计核算工作，对内部会议费报销进行审核把关，确保票据来源合法，内容真实、完整、合规；

（四）按规定报送会议年度报告，加强对本单位会议费使用的内控管理。

第六章 监督检查和责任追究

第二十六条 财政部、国管局、中直管理局会同有关部门对各单位会议费管理和使用情况进行监督检查。主要内容包括：

（一）会议计划的编报、审批是否符合规定；

（二）会议费开支范围和开支标准是否符合规定；

（三）会议费报销和支付是否符合规定；

（四）会议会期、规模是否符合规定，会议是否在规定的地点和场所召开；

（五）是否向下属机构、企事业单位或地方转嫁、摊派会议费；

（六）会议费管理和使用的其他情况。

第二十七条 严禁各单位借会议名义组织会餐或安排宴请；严禁套取会议费设立“小金库”；严禁在会议费中列支公务接待费。

各单位应严格执行会议用房标准，不得安排高档套房；会议用餐严格控制菜品种类、数量和份量，安排自助餐，严禁提供高档菜肴，不安排宴请，不上烟酒；会议会场一律不摆花草，不制作背景板，不提供水果。

不得使用会议费购置电脑、复印机、打印机、传真机等固定资产以及开支与本次会议无关的其他费用；不得组织会议代表旅游和与会议无关的参观；严禁组织高消费娱乐、健身活动；严禁以任何名义发放纪念品；不得额外配发洗漱用品。

第二十八条 违反本办法规定，有下列行为之一的，依法依规追究会议举办单位和相关人员的责任：

（一）计划外召开会议的；

（二）以虚报、冒领手段骗取会议费的；

（三）虚报会议人数、天数等进行报销的；

（四）违规扩大会议费开支范围，擅自提高会议费开支标准的；

（五）违规报销与会议无关费用的；

（六）其他违反本办法行为的。

有前款所列行为之一的，由财政部会同有关部门责令改正，追回资金，并经报批后予以通报。对直接负责的主管人员和相关负责人，报请其所在单位按规定给予行政处分。如行为涉嫌违法的，移交司法机关处理。

定点会议场所或单位内部宾馆、招待所、培训中心有关工作人员违反规定的，按照财政部定点会议场所管理的有关规定处理。

第七章　附　　则

第二十九条 各单位应当按照本办法规定，结合本单位业务特点和工作需要，制定会议费管理具体规定。

第三十条 党中央、国务院直属事业单位的会议费管理参照本办法执行。中央和国家机关各部门所属事业单位的会议费管理由各部门依据从严从紧原则参照本办法作出具体规定。

第三十一条 本办法由财政部负责解释，自 2016 年 7 月 1 日起施行。《中央和国家机关会议费管理办法》（财行〔2013〕286 号）同时废止。

财政部、国管局、中直管理局关于《中央和国家机关会议费管理办法》的补充通知

（2023 年 5 月 30 日 财行〔2023〕86 号）

党中央有关部门，国务院各部委、各直属机构，全国人大常委会办公厅，全国政协办公厅，最高人民法院，最高人民检察院，各民主党派中央，有关人民团体：

为贯彻落实中央八项规定精神，进一步规范中央和国家机关会议费管理，现就有关事项补充通知如下：

一、本通知适用于中央和国家机关按照《中央和国家机关会议费管理办法》（财行〔2016〕214 号，以下简称《办法》）规定召开的一类、二类、三类、四类会议，包括线下会议和线上会议。

线上会议是指采取电视电话、网络视频等方式召开的会议，含线上与线下相结合的会议。

二、会议会期，二、三、四类会议原则上不超过 1 天半，传达、布置类会议不得超过 1 天。

会议报到和离开时间，一、二、三类会议合计不得超过 1 天

半，四类会议合计不得超过 1 天。

三、各单位召开会议，在符合保密和网络信息安全要求的前提下，提倡采用线上会议形式。线上会议的主会场和分会场参会人数合计不得超过《办法》规定的相应会议类别参会人数上限，不请外地同志到主会场参会。

线上会议优先选择单位内部电视电话、电子政务内网视频会商等现有应用系统。单位现有应用系统无法保障的，应当结合工作性质、保密要求等，选择专用系统、运营商服务系统、第三方软件服务系统等。

四、会议费开支范围包括：

（一）线下费用：《办法》规定的住宿费、伙食费、会议场地租金、交通费、文件印刷费、医药费等；

（二）线上费用：能够明确对应具体会议的设备租赁费、线路费、电视电话会议通话费、技术服务费、软件应用费、音视频制作费等。

五、会议费应当按照以下方式进行核算列支：

（一）线下费用按照《办法》有关规定以实际发生的费用项目分项定额标准总额为上限，结合线下实际参会人数、会议时间进行核算。各项费用之间可以调剂使用，未实际发生的费用项目不得参与调剂。

（二）线上费用不纳入《办法》规定的综合定额标准内核算，凭合法票据原则上在单位年度会议费预算内据实列支。

各单位应当按照厉行节约、提高效率的原则，通过市场调研、充分议价，合理选择线上会议应用系统，细化完善本单位线上会议支出标准。

六、各单位在会议结束后应当及时办理会议费报销手续。线下费用按照《办法》有关规定进行报销。线上费用应当提供费用清单和使用相关应用系统所开具的合法票据，签署服务合同的，需一并提供相关合同。

七、各单位应当加强涉密会议安全和保密管理，落实网络安全工作责任制，强化网络安全技术防护措施，选择安全可靠的应用系统，督促系统服务供应商严格落实安全保密责任，加强对运维人员、技术服务人员日常保密教育和监督，定期开展终端设备和涉密场所保密检查，妥善保管会议音视频等材料，切实做好安全保障工作。

八、各单位应当加强对会议内容相近、参会人员范围相同会议的统筹，严格控制各类会议规模，简化办会形式，合理确定参会人员范围，减少参会人员数量，减少陪会。

九、各单位应在《办法》及本通知规定的开支范围和开支标准内从严从紧核定会议费预算，节约会议经费开支。

十、本通知自 2023 年 8 月 1 日起施行。《办法》有关规定与本通知不符的，以本通知为准。

中央和国家机关培训费管理办法[①]

（2016 年 12 月 27 日　财行〔2016〕540 号）

第一章　总　　则

第一条　为进一步规范中央和国家机关培训工作，保证培训工作需要，加强培训经费管理，依据《中华人民共和国公务员法》《干部教育培训工作条例》和其他有关法律法规，制定本办法。

第二条　本办法所称培训，是指中央和国家机关及其所属机构使用财政资金在境内举办的三个月以内的各类培训。

第三条　本办法所称中央和国家机关，是指党中央各部门，国务院各部委、各直属机构，全国人大常委会办公厅，全国政协办公厅，最高人民法院，最高人民检察院，各人民团体，各民主党派中央和全国工商联（以下简称各单位）。

第四条　各单位举办培训应当坚持厉行节约、反对浪费的原则，实行单位内部统一管理，增强培训计划的科学性和严肃性，增强培训项目的针对性和实效性，保证培训质量，节约培训资源，提高培训经费使用效益。

---

① 根据 2019 年 7 月 29 日《财政部、中共中央组织部关于停止执行培训年度计划备案及执行情况报告规定的通知》（财行〔2019〕231 号）：一、自 2019 年 8 月 1 日起，停止执行《中央和国家机关培训费管理办法》（财行〔2016〕540 号）第七条及第二十一条之规定。二、各部门要认真落实《党政机关厉行节约反对浪费条例》和培训费管理有关规定，完善培训计划编报和审批制度，严格计划执行，规范培训费管理，加强监督检查，提高财政资金使用效益。

第二章　计划和备案管理

第五条　建立培训计划编报和审批制度。各单位培训主管部门制订的本单位年度培训计划（包括培训名称、目的、对象、内容、时间、地点、参训人数、所需经费及列支渠道等），经单位财务部门审核后，报单位领导办公会议或党组（党委）会议批准后施行。

第六条　年度培训计划一经批准，原则上不得调整。因工作需要确需临时增加培训项目的，报单位主要负责同志审批。

第七条　各单位年度培训计划于每年 3 月 31 日前同时报中央组织部、财政部、国家公务员局备案。

第三章　开支范围和标准

第八条　本办法所称培训费，是指各单位开展培训直接发生的各项费用支出，包括师资费、住宿费、伙食费、培训场地费、培训资料费、交通费以及其他费用。

（一）师资费是指聘请师资授课发生的费用，包括授课老师讲课费、住宿费、伙食费、城市间交通费等。

（二）住宿费是指参训人员及工作人员培训期间发生的租住房间的费用。

（三）伙食费是指参训人员及工作人员培训期间发生的用餐费用。

（四）培训场地费是指用于培训的会议室或教室租金。

（五）培训资料费是指培训期间必要的资料及办公用品费。

（六）交通费是指用于培训所需的人员接送以及与培训有关的考察、调研等发生的交通支出。

（七）其他费用是指现场教学费、设备租赁费、文体活动费、医药费等与培训有关的其他支出。

参训人员参加培训往返及异地教学发生的城市间交通费，按照中央和国家机关差旅费有关规定回单位报销。

第九条 除师资费外，培训费实行分类综合定额标准，分项核定、总额控制，各项费用之间可以调剂使用。综合定额标准如下：

单位：元/人·天

培训类别	住宿费	伙食费	场地、资料、交通费	其他费用	合计
一类培训	500	150	80	30	760
二类培训	400	150	70	30	650
三类培训	340	130	50	30	550

一类培训是指参训人员主要为省部级及相应人员的培训项目。

二类培训是指参训人员主要为司局级人员的培训项目。

三类培训是指参训人员主要为处级及以下人员的培训项目。

以其他人员为主的培训项目参照上述标准分类执行。

综合定额标准是相关费用开支的上限。各单位应在综合定额标准以内结算报销。

30 天以内的培训按照综合定额标准控制；超过 30 天的培

训，超过天数按照综合定额标准的70%控制。上述天数含报到撤离时间，报到和撤离时间分别不得超过1天。

第十条 师资费在综合定额标准外单独核算。

（一）讲课费（税后）执行以下标准：副高级技术职称专业人员每学时最高不超过500元，正高级技术职称专业人员每学时最高不超过1000元，院士、全国知名专家每学时一般不超过1500元。

讲课费按实际发生的学时计算，每半天最多按4学时计算。

其他人员讲课费参照上述标准执行。

同时为多班次一并授课的，不重复计算讲课费。

（二）授课老师的城市间交通费按照中央和国家机关差旅费有关规定和标准执行，住宿费、伙食费按照本办法标准执行，原则上由培训举办单位承担。

（三）培训工作确有需要从异地（含境外）邀请授课老师，路途时间较长的，经单位主要负责同志书面批准，讲课费可以适当增加。

第四章 培训组织

第十一条 培训实行中央和地方分级管理，各单位举办培训，原则上不得下延至市、县及以下。

第十二条 各单位开展培训，应当在开支范围和标准内优先选择党校、行政学院、干部学院以及组织人事部门认可的其他培训机构承办。

第十三条 组织培训的工作人员控制在参训人员数量的

10%以内，最多不超过 10 人。

第十四条 严禁借培训名义安排公款旅游；严禁借培训名义组织会餐或安排宴请；严禁组织高消费娱乐健身活动；严禁使用培训费购置电脑、复印机、打印机、传真机等固定资产以及开支与培训无关的其他费用；严禁在培训费中列支公务接待费、会议费；严禁套取培训费设立“小金库”。

培训住宿不得安排高档套房，不得额外配发洗漱用品；培训用餐不得上高档菜肴，不得提供烟酒；除必要的现场教学外，7 日以内的培训不得组织调研、考察、参观。

第十五条 邀请境外师资讲课，须严格按照有关外事管理规定，履行审批手续。境内师资能够满足培训需要的，不得邀请境外师资。

第十六条 培训举办单位应当注重教学设计和质量评估，通过需求调研、课程设计和开发、专家论证、评估反馈等环节，推进培训工作科学化、精准化；注重运用大数据、“互联网+”等现代信息技术手段开展培训和管理。所需费用纳入部门预算予以保障。

第五章 报销结算

第十七条 报销培训费，综合定额范围内的，应当提供培训计划审批文件、培训通知、实际参训人员签到表以及培训机构出具的收款票据、费用明细等凭证；师资费范围内的，应当提供讲课费签收单或合同，异地授课的城市间交通费、住宿费、伙食费按照差旅费报销办法提供相关凭据；执行中经单位主要负责同志批准临时增加的培训项目，还应提供单位主要负责同志审批材料。

各单位财务部门应当严格按照规定审核培训费开支，对未履行审批备案程序的培训，以及超范围、超标准开支的费用不予报销。

第十八条 培训费的资金支付应当执行国库集中支付和公务卡管理有关制度规定。

第十九条 培训费由培训举办单位承担，不得向参训人员收取任何费用。

第六章 监督检查

第二十条 各单位应当将非涉密培训的项目、内容、人数、经费等情况，以适当方式公开。

第二十一条 各单位应当于每年3月31日前将上年度培训计划执行情况（包括培训名称、对象、内容、时间、地点、参训人数、工作人员数、经费开支及列支渠道、培训成效、问题建议等）报送中央组织部、财政部、国家公务员局。

第二十二条 中央组织部、财政部、国家公务员局等有关部门对各单位培训活动和培训费管理使用情况进行监督检查。主要内容包括：

（一）培训计划的编报是否符合规定；

（二）临时增加培训计划是否报单位主要负责同志审批；

（三）培训费开支范围和开支标准是否符合规定；

（四）培训费报销和支付是否符合规定；

（五）是否存在虚报培训费用的行为；

（六）是否存在转嫁、摊派培训费用的行为；

（七）是否存在向参训人员收费的行为；

（八）是否存在奢侈浪费现象；

（九）是否存在其他违反本办法的行为。

第二十三条 对于检查中发现的违反本办法的行为，由中央组织部、财政部、国家公务员局等有关部门责令改正，追回资金，并予以通报。对相关责任人员，按规定予以党纪政纪处分；涉嫌违法的，移交司法机关处理。

第七章 附 则

第二十四条 各单位可以按照本办法，结合本单位业务特点和工作实际，制定培训费管理具体规定。

第二十五条 中央组织部、国家公务员局组织的调训和统一培训，有关部门组织的援外培训，不适用本办法，按有关规定执行。

第二十六条 中央事业单位培训费管理参照本办法执行。

第二十七条 本办法由财政部会同中央组织部、国家公务员局负责解释。

第二十八条 本办法自2017年1月1日起施行。《中央和国家机关培训费管理办法》（财行〔2013〕523号）同时废止。

党政机关办公用房管理办法

（2017年12月5日中共中央批准　2017年12月5日中共中央办公厅、国务院办公厅发布）

第一章　总　　则

第一条　为了进一步规范党政机关办公用房管理，推进办公用房资源合理配置和节约集约使用，保障正常办公，降低行政成本，促进党风廉政建设和节约型机关建设，根据《党政机关厉行节约反对浪费条例》、《机关事务管理条例》、《机关团体建设楼堂馆所管理条例》等有关规定，制定本办法。

第二条　本办法适用于各级党政机关办公用房的规划、权属、配置、使用、维修、处置等管理工作。

本办法所称党政机关，是指党的机关、人大机关、行政机关、政协机关、监察机关、审判机关、检察机关，以及工会、共青团、妇联等人民团体和参照公务员法管理的事业单位。

本办法所称办公用房，是指党政机关占有、使用或者可以确认属于机关资产的，为保障党政机关正常运行需要设置的基本工作场所，包括办公室、服务用房、设备用房和附属用房。

第三条　党政机关办公用房管理应当遵循下列原则：

（一）依法合规，严格执行法律法规和党内有关制度规定，强化监督管理；

（二）科学规划，统筹机关办公和公共服务需求，优化布局和功能；

（三）规范配置，科学制定标准，严格审核程序，合理保障需求；

（四）有效利用，统筹调剂余缺，及时依规处置，避免闲置浪费；

（五）厉行节约，注重庄重朴素、经济适用，节约能源资源。

第四条 建立健全党政机关办公用房集中统一管理制度，统一规划、统一权属、统一配置、统一处置。县级以上党政机关办公用房有关管理部门根据职责分工，负责本级党政机关办公用房管理工作，指导下级党政机关办公用房管理工作。

中央和国家机关办公用房管理，由归口的机关事务管理部门负责规划、权属、调剂、使用监管、处置、维修等，国家发展改革委负责建设项目审批、建设标准制定以及投资安排等，财政部负责预算安排、指导开展资产管理等。中央和国家机关所属垂直管理机构、派出机构和参照公务员法管理的事业单位办公用房的权属、使用、维修等有关管理工作，由归口的机关事务管理部门委托行政主管部门负责。

地方各级党政机关办公用房管理的职责分工，由各省、自治区、直辖市参照前款规定，结合本地区实际情况合理确定相关机构承担办公用房管理职责。

各级党政机关是办公用房的使用单位，负责本单位占有、使用办公用房的内部管理和日常维护。

第二章　权属管理

第五条　党政机关办公用房的房屋所有权、土地使用权等不动产权利（以下统称办公用房权属），统一登记至本级机关事务管理部门名下。

中央和国家机关所属垂直管理机构、派出机构和参照公务员法管理的事业单位办公用房权属应当登记在行政主管部门名下。地方各级党政机关所属垂直管理机构、派出机构办公用房权属的登记主体由各省、自治区、直辖市规定。

涉及国家秘密、国家安全等特殊情况的，经机关事务管理部门核准，可以将办公用房权属登记在使用单位名下。

因历史资料缺失、权属不清等问题无法登记的，由机关事务管理部门协调有关部门进行办公用房权属备案，使用单位不得自行处置。

第六条　建立健全党政机关办公用房清查盘点制度。使用单位应当建立本单位办公用房资产管理分台账，资产信息发生变更的，及时调整更新。机关事务管理部门应当建立本级党政机关办公用房资产管理总台账，定期组织清查盘点，确保总台账信息与使用单位分台账信息账账相符，与办公用房实际状况账实相符，与权属证书信息账证相符。

第七条　建立健全党政机关办公用房管理信息统计报告制度。

各级机关事务管理部门应当建立健全本级党政机关办公用房管理信息系统，定期统计汇总办公用房管理情况，报上级机关事务管理部门，并送同级发展改革、财政部门。

国家机关事务管理局、中共中央直属机关事务管理局应当会同有关部门，建立全国党政机关办公用房信息数据库，并纳入国家数据共享交换平台，实现与发展改革、财政、国土资源、住房城乡建设等部门共享共用。各省、自治区、直辖市应当统筹推进本地区办公用房管理信息系统建设，实现上下一体、互联互通、动态管理。

第八条 建立健全党政机关办公用房档案管理制度。使用单位应当加强本单位办公用房档案管理，及时归集权属、建设、维修等原始档案，并移交产权单位。产权单位应当加强办公用房档案的收集、保存和利用，确保档案完整。

第三章 配置管理

第九条 县级以上机关事务管理、发展改革、财政部门应当会同有关部门，结合人员编制情况、办公与业务需要等，编制本级党政机关办公用房配置保障规划，优化办公用房布局，具备条件的逐步推进集中或者相对集中办公，共用配套附属设施。

地方各级人民政府编制土地利用总体规划和城乡规划时，应当统筹安排本级党政机关办公用房用地。县级以上党政机关的驻在地人民政府应当有效保障上级党政机关办公用房用地需求。

第十条 党政机关办公用房配置应当严格执行相关标准，从严核定面积。

国家发展改革委会同住房城乡建设部、财政部，制定和完善党政机关办公用房建设标准，并实行标准动态调整。

第十一条 党政机关办公用房配置方式包括调剂、置换、租用和建设。

第十二条 使用单位需要配置办公用房的，由机关事务管理部门优先整合现有办公用房资源调剂解决。

第十三条 采取置换方式配置办公用房的，应当严格履行审批程序，执行新建办公用房各项标准，确保符合办公用房各类功能要求，并按规定组织资产评估，置换所得超出面积标准的办公用房由机关事务管理部门统一调剂，置换所得收益按照非税收入有关规定管理。

置换旧房的，由机关事务管理部门会同发展改革、财政部门报同级人民政府审批；置换新房的，应当严格履行建设审批程序。不得以置换名义量身打造办公用房，不得以未使用政府预算建设资金、资产整合等名义规避审批。

第十四条 无法调剂或者置换解决办公用房的，可以面向市场租用，但应当严格按照规定履行审批程序。

需租用办公用房的，由使用单位提出申请，经机关事务管理部门核准后，报财政部门审核安排预算；或者由机关事务管理部门统筹本级党政机关办公用房使用需求，制定租用方案，报财政部门审核安排预算后，统一租赁并统筹安排使用。

任何单位不得以变相补偿方式租用由企业等单位提供的办公用房。

各级财政部门会同机关事务管理部门，制定本级党政机关办公用房租金标准，并实行标准动态调整。

第十五条 无法调剂、置换、租用办公用房，或者涉及国家秘密、国家安全等特殊情况的，可以采取建设方式解决，但应当按照国家有关政策从严控制，严格履行审批程序。党政机关办公用房建设包括新建、扩建、改建、购置。

中共中央直属机关办公用房建设项目由归口的机关事务管理部门审核同意后统一申报，由国家发展改革委核报国务院审批。

中央国家机关本级办公用房建设项目，由国家发展改革委核报国务院审批，申报前应当由归口的机关事务管理部门出具必要性审查意见。

中央国家机关所属垂直管理机构、派出机构办公用房建设项目，厅（局）级及以上单位的项目由国家发展改革委审批，申报前应当由归口的机关事务管理部门出具必要性审查意见；厅（局）级以下单位的项目由行政主管部门审批，并报国家发展改革委和归口的机关事务管理部门备案。

中央国家机关所属参照公务员法管理的事业单位的办公用房建设项目，由国务院、国家发展改革委和行政主管部门按照中央预算内投资审批权限分别负责审批，其中由国务院、国家发展改革委审批的项目，申报前应当由归口的机关事务管理部门出具必要性审查意见。

省、自治区、直辖市及计划单列市本级党政机关办公用房建设项目，由国家发展改革委核报国务院审批；地方其他党政机关办公用房建设项目，由省级人民政府审批。

县级党政机关直属单位和乡（镇）级党政机关办公用房建设项目，可以由省级人民政府根据实际情况委托市级人民政府审批。

地方各级党政机关所属垂直管理机构、派出机构和参照公务员法管理的事业单位办公用房建设项目的审批程序，由各省、自治区、直辖市规定。

第十六条 党政机关办公用房配置所需资金，应当通过政府预算安排，不得接受任何形式赞助或者捐款，不得搞任何形式集资或者摊派，不得向其他任何单位借款，不得让施工单位垫资，严禁挪用各类专项资金。

土地收益和资产转让收益按照非税收入有关规定管理，不得直接用于办公用房配置。涉及新增资产的，应当向财政部门申报新增资产配置预算。

第十七条 新配置办公用房的党政机关，应当在搬入新办公用房后1个月内，将超出核定面积的原有办公用房腾退移交同级机关事务管理部门统一调剂使用，不得继续占用或者自行处置，不得自行安排其他单位使用。

第四章 使用管理

第十八条 机关事务管理部门应当与使用单位签订办公用房使用协议，核发办公用房分配使用凭证。

办公用房分配使用凭证可以按照有关规定用于办理使用单位法人登记、集体户籍、大中修项目施工许可等，不得用于出租、出借、经营。

第十九条 使用单位应当严格按照有关规定在核定面积内合理安排使用办公用房，不得擅自改变办公用房使用功能，不得调整给其他单位使用。办公用房安排使用情况应当按年度通过政务内网、公示栏等平台进行内部公示；领导干部办公用房配备情况应当按年度报机关事务管理部门备案，严禁超标准配备、使用办公用房。

领导干部在不同单位同时任职的，应当在主要任职单位安排1处办公用房；主要任职单位与兼职单位相距较远且经常到兼职单位工作的，经严格审批后，可以由兼职单位再安排1处小于标准面积的办公用房，并在免去兼任职务后2个月内腾退兼职单位安排的办公用房。

工作人员调离或者退休的，使用单位应当在办理调离或者退休手续后1个月内收回其办公用房。

第二十条 党政机关工作人员办公室具备条件的，应当采用大开间等形式，提高办公用房利用率。

会议室、接待室等服务用房，可以采取可拆卸式隔断设计，提高空间使用的灵活性。

第二十一条 项目批复中已经明确和机关一并建设办公用房的事业单位，按照面积标准核定后可以继续无偿使用机关办公用房。

公益一类事业单位已经占用的机关办公用房，按照面积标准核定后可以继续无偿使用。公益二类事业单位已经占用的机关办公用房，应当按照规定予以腾退；确有困难的，经机关事务管理部门批准，可以继续有偿使用，租金收益按照非税收入有关规定管理。事业单位已经新建、购置办公用房或者租用其他房屋办公的，应当在6个月内将原有办公用房腾退移交机关事务管理部门。

生产经营类事业单位、国有企业和行业协会商会等社团组织，原则上不得占用党政机关办公用房。

第二十二条 党政机关办公用房使用单位机构、编制调整的，机关事务管理部门应当重新核定其办公用房面积。超出面积标准的，使用单位应当在6个月内将超出部分的办公用房腾退移交机关事务管理部门。

党政机关转为企业的，应当在办理企业工商注册后6个月内将原有办公用房腾退移交机关事务管理部门。转企单位确有困难的，经机关事务管理部门批准，可以继续有偿使用，租金收益按照非税收入有关规定管理；新建、购置或者租用办公用房的，应当在6个月内将原有办公用房腾退移交机关事务管理部门。

党政机关撤销的，应当在6个月内将原有办公用房腾退移交机关事务管理部门。

第二十三条 建立健全政府向社会购买物业服务机制，逐步实现办公用房物业服务社会化、专业化，具备条件的逐步推进统一物业管理服务。

机关事务管理部门应当会同有关部门，按照经济、适度的原则，制定本级党政机关办公用房物业服务内容、服务标准和费用定额。

第二十四条 鼓励有条件的地区探索试行办公用房租金制，逐步推进办公用房经费预算管理和实物资产管理相结合。

第五章　维修管理

第二十五条　党政机关办公用房维修包括日常维修和大中修。中央和国家机关办公用房维修标准由归口的机关事务管理部门、财政部会同住房城乡建设部制定，地方各级党政机关办公用房维修标准由各省、自治区、直辖市结合实际制定，并建立标准动态调整机制。

第二十六条　使用单位负责办公用房的日常检查和维修，所需资金通过部门预算安排。

第二十七条　党政机关办公用房因使用时间较长、设施设备老化、功能不全、存在安全隐患等原因需要大中修的，使用单位向机关事务管理部门提出申请；机关事务管理部门结合办公用房建筑年代、历史维修记录、老化损坏程度、单位建筑面积能耗水平和使用单位的实际需求，统筹安排办公用房大中修项目，报财政部门审核安排预算。

办公用房大中修项目应当严格按照规定履行审批程序，未经审批的项目，不得安排预算。中央和国家机关本级办公用房大中修项目，由归口的机关事务管理部门审批。中央和国家机关所属垂直管理机构、派出机构和参照公务员法管理的事业单位办公用房大中修项目，机关事务管理部门委托行政主管部门审批，其中厅（局）级及以上单位办公用房大中修项目审批情况应当报归口的机关事务管理部门备案。地方各级党政机关办公用房大中修项目的审批程序，由各省、自治区、直辖市规定。

第六章　处置利用管理

第二十八条　党政机关办公用房有下列情形之一闲置的，可以按照有关规定采取调剂使用、转换用途、置换、出租、拍卖、拆除等方式及时处置利用：

（一）同级党政机关办公用房总量满足使用需求，仍有余量的；

（二）因地理位置、周边环境、房屋结构等原因，不适合继续作为办公用房使用的；

（三）因城乡规划调整等需要拆迁的；

（四）经专业机构鉴定属于危房，且无加固改造价值的；

（五）其他原因导致办公用房闲置的。

处置利用党政机关办公用房涉及权属、用途等变更的，应当依法办理相关手续。

第二十九条　同一区域内闲置办公用房具备条件的，应当加强跨系统、跨层级调剂使用。

中央和国家机关所属垂直管理机构、派出机构之间调剂使用的，由行政主管部门审核提出意见，经归口的机关事务管理部门批准后实施，调剂使用情况报财政部备案。

中央和国家机关所属垂直管理机构、派出机构与地方各级党政机关之间调剂使用的，由行政主管部门会同有关地方人民政府审核提出意见，经归口的机关事务管理部门会同财政部批准后实施。

地方同级或者上下级党政机关之间，以及地方各级党政机关所属垂直管理机构、派出机构之间调剂使用的，参照前两款规定办理。

第三十条 具备条件的，机关事务管理部门可以商有关部门将闲置办公用房转为便民服务、社区活动等公益场所，或者按照有关规定置换为其他符合国家政策和需要的资产。

机关事务管理部门可以通过公共资源交易平台统一招租，租金收益按照非税收入有关规定管理。党政机关如有需要，应当及时收回出租的办公用房，统筹调剂使用。使用单位不得擅自出租办公用房。

第三十一条 闲置办公用房无法通过调剂使用、转换用途、置换、出租等方式处置利用的，机关事务管理部门报财政部门批准后，可以通过公共资源交易平台依法公开拍卖，拍卖收益按照非税收入有关规定管理。

第七章 监督问责

第三十二条 党政机关办公用房使用单位应当建立本单位内部使用管理制度，加强监督检查和责任追究，及时发现和纠正违规问题。

党政机关办公用房有关管理部门应当根据职责分工，加强办公用房监管，严格履行相关管理程序，对使用单位的办公用房违规管理使用问题及时按照规定移交有关部门和单位查处。

纪检监察机关应当及时受理群众举报和有关部门移送的办公用房管理案件线索，严肃查处违规违纪问题。

第三十三条　建立健全党政机关办公用房巡检考核制度。

县级以上机关事务管理、发展改革、财政部门会同有关部门，定期对本级党政机关（含所属垂直管理机构、派出机构）办公用房使用情况以及下级党政机关办公用房管理情况进行专项联合巡检，及时发现和纠正违规问题。

办公用房专项巡检应当与党风廉政建设责任制检查考核、政府绩效考核以及党政领导班子和领导干部年度考核相结合，巡检考核结果作为干部管理监督、选拔任用的依据。

第三十四条　建立健全党政机关办公用房管理信息公开制度。除依照法律法规和有关要求需要保密的内容和事项外，办公用房建设、使用、维修、处置利用、运行费用支出等情况，应当在政府门户网站等公共平台定期公开，主动接受社会监督。

第三十五条　建立健全党政机关办公用房管理责任追究制度，对有令不行、有禁不止的，依照有关规定严肃追究相关人员责任。

管理部门有下列情形之一的，依纪依法追究相关人员责任：

（一）违规审批项目或者安排投资计划、预算的；

（二）不按照规定履行调剂、置换、租用、建设等审批程序的；

（三）为使用单位超标准配置办公用房的；

（四）不按照规定处置办公用房的；

（五）办公用房管理信息统计报送中瞒报、漏报的；

（六）对发现的违规问题不及时处理的；

（七）有其他违反办公用房管理规定情形的。

使用单位有下列情形之一的，依纪依法追究相关人员责任：

（一）擅自将办公用房权属登记至本单位或者所属单位名下，或者不配合办理权属登记的；

（二）未经批准建设或者大中修办公用房的；

（三）不按规定腾退移交办公用房的；

（四）未经批准租用、借用办公用房的；

（五）擅自改变办公用房使用功能或者处置办公用房的；

（六）擅自安排企事业单位、社会组织等使用机关办公用房的；

（七）为工作人员超标准配备办公用房，或者未经批准配备两处以上办公用房的；

（八）有其他违反办公用房管理规定情形的。

第八章　附　　则

第三十六条　党政机关本级的技术业务用房以及机关办公区内的技术业务用房，权属统一登记至本级机关事务管理部门名下，从严控制使用范围和用途，原则上不得调整用作办公用房。

党政机关本级的技术业务用房建设项目以及机关办公区内的技术业务用房建设项目，应当严格按规定履行审批程序，项目申报前由机关事务管理部门出具土地、人防等审查意见。

住房城乡建设部会同国家发展改革委、有关业务主管部门，制定和完善各类技术业务用房建设标准，合理区分办公用房和技术业务用房。

第三十七条 各省、自治区、直辖市以及中央和国家机关各部门，应当根据本办法，结合实际制定具体管理办法。

第三十八条 各民主党派机关办公用房管理适用本办法。

不参照公务员法管理的事业单位办公用房管理办法，另行制定。

第三十九条 本办法由国家机关事务管理局、中共中央直属机关事务管理局、国家发展改革委和财政部负责解释。

第四十条 本办法自2017年12月5日起施行。其他有关党政机关办公用房管理的规定，凡与本办法不一致的，按照本办法执行。

党政机关公务用车管理办法

（2017年12月5日中共中央批准 2017年12月5日中共中央办公厅、国务院办公厅发布）

第一章 总 则

第一条 为了进一步规范党政机关公务用车管理，有效保障公务活动，促进党风廉政建设和节约型机关建设，根据《党政机关厉行节约反对浪费条例》、《机关事务管理条例》等有关规定，制定本办法。

第二条 本办法适用于党的机关、人大机关、行政机关、政协机关、监察机关、审判机关、检察机关，以及工会、共青团、妇联等人民团体和参照公务员法管理的事业单位。

第三条 本办法所称公务用车，是指党政机关配备的用于定向保障公务活动的机动车辆，包括机要通信用车、应急保障用车、执法执勤用车、特种专业技术用车以及其他按照规定配备的公务用车。

机要通信用车是指用于传递、运送机要文件和涉密载体的机动车辆。

应急保障用车是指用于处理突发事件、抢险救灾或者其他紧急公务的机动车辆。

执法执勤用车是指中央批准的执法执勤部门（系统）用于一线执法执勤公务的机动车辆。

特种专业技术用车是指固定搭载专业技术设备、用于执行特殊工作任务的机动车辆。

第四条 党政机关公务用车管理遵循统一管理、定向保障、经济适用、节能环保的原则。

第五条 党政机关公务用车实行统一制度规范、分级分类管理。党政机关公务用车主管部门负责本级党政机关公务用车管理工作，根据职责实行统一编制、统一标准、统一购置经费、统一采购配备管理；指导监督下级党政机关公务用车管理工作。

第二章 编制和标准管理

第六条 党政机关公务用车实行编制管理。车辆编制根据机构设置、人员编制和工作需要等因素确定。

机要通信用车、应急保障用车和其他按照规定配备的公务用车编制由公务用车主管部门会同有关部门确定。

执法执勤用车、特种专业技术用车编制由财政部门会同有关部门确定，并送公务用车主管部门备案。

第七条 党政机关配备公务用车应当严格执行以下标准：

（一）机要通信用车配备价格12万元以内、排气量1.6升（含）以下的轿车或者其他小型客车。

（二）应急保障用车和其他按照规定配备的公务用车配备价格18万元以内、排气量1.8升（含）以下的轿车或者其他小型客车。确因情况特殊，可以适当配备价格25万元以内、排气量3.0升（含）以下的其他小型客车、中型客车或者价格45万元以内的大型客车。

（三）执法执勤用车配备价格12万元以内、排气量1.6升（含）以下的轿车或者其他小型客车，因工作需要可以配备价格18万元以内、排气量1.8升（含）以下的轿车或者其他小型客车。确因情况特殊，可以适当配备价格25万元以内、排气量3.0升（含）以下的其他小型客车、中型客车或者价格45万元以内的大型客车。

（四）特种专业技术用车配备标准由有关部门会同财政部门按照保障工作需要、厉行节约的原则确定。

公务用车配备新能源轿车的，价格不得超过18万元。

上述配备标准应当根据公务保障需要、汽车行业技术发展、市场价格变化等因素适时调整。

第八条 严格控制执法执勤用车的配备范围、编制和标准。执法执勤用车配备应当严格限定在一线执法执勤岗位。

第三章　配备和经费管理

第九条　公务用车主管部门根据公务用车配备更新标准和现状，编制年度公务用车配备更新计划。

第十条　财政部门根据年度公务用车配备更新计划，按照预算管理有关规定统筹安排购置经费，列入公务用车主管部门预算。

第十一条　财政部门会同公务用车主管部门制定公务用车运行费用定额标准，统筹安排公务用车运行费用，列入党政机关部门预算。

第十二条　公务用车主管部门按照政府采购法律法规和国家有关政策规定，统一组织实施公务用车集中采购。

第十三条　党政机关应当配备使用国产汽车，带头使用新能源汽车，按照规定逐步扩大新能源汽车配备比例。

第十四条　地方各级党政机关确因工作需要超出规定标准配备公务用车的，必须报省级公务用车主管部门批准。

党政机关原则上不配备越野车。确因工作需要，按照程序报批后，可以适当配备国产越野车。越野车不得作为领导干部固定用车。

第十五条　除涉及国家安全、侦查办案等有保密要求的特殊工作用车外，党政机关公务用车产权注册登记所有人应当为本机关法人，不得将公务用车登记在下属单位、企业或者个人名下。

第四章　使用和处置管理

第十六条　党政机关应当加强公务用车使用管理，严格按照规定使用公务用车，严禁公车私用、私车公养，不得既领取公务交通补贴又违规使用公务用车。

第十七条　党政机关应当推进公务用车服务平台建设。各地区应当结合实际，将各类公务用车纳入平台集中管理，采用信息化手段统筹调度、高效使用，鼓励通过社会化专业机构提高平台管理运行效率。

第十八条　党政机关应当推进公务用车标识化管理。除涉及国家安全、侦查办案和其他有保密要求的特殊工作用车外，公务用车应当统一标识。

第十九条　党政机关应当建立公务用车管理台账，加强相关证照档案的保存和管理。

各省、自治区、直辖市以及中央和国家机关公务用车主管部门应当建立统一的公务用车管理信息系统，提高公务用车配备使用管理信息化水平。

第二十条　党政机关应当建立健全公务用车使用管理制度，严格执行，加强监督，降低运行成本。

严格公务用车使用时间、事由、地点、里程、油耗、费用等信息登记和公示制度。严格执行回单位或者其他指定地点停放制度，节假日期间除工作需要外应当封存停驶。

实行公务用车保险、维修、加油政府集中采购和定点保险、定点维修、定点加油制度，健全公务用车油耗、运行费用单车核算和年度绩效评价制度。

第二十一条 党政机关应当减少公务用车长途行驶，工作人员到外地办理公务，除特殊情况外，应当乘用公共交通工具。外事接待、会议和集体活动用车主要通过社会租赁方式解决。

第二十二条 公务用车使用年限超过8年的可以更新；达到更新年限仍能继续使用的，应当继续使用。因安全等原因确需提前更新的，应当严格履行审批手续。

公务用车按照规定更新后，可以采取拍卖、厂家回收、报废等方式规范处置旧车。处置收入按照非税收入有关规定管理。

第五章 监督问责

第二十三条 党政机关应当建立公务用车配备更新和使用情况统计报告制度。各省、自治区、直辖市公务用车主管部门负责统计汇总本地区公务用车配备更新和使用情况。国家机关事务管理局、中共中央直属机关事务管理局负责统计汇总中央和国家机关公务用车配备更新和使用情况。

第二十四条 党政机关应当严格执行公务用车配备使用管理各项规定，将公务用车配备更新、使用、处置和经费预算执行等情况纳入内部审计、政务公开和政务诚信建设范围，接受社会监督。

公务用车主管部门应当加强对党政机关公务用车配备更新、使用、处置等情况的监督检查，定期通报或者公示相关情况。

财政、审计部门应当加强对公务用车经费预算管理使用情况的监督检查，依法处理、督促整改违规问题，并将涉嫌违纪违法问题移送有关部门查处。

公安交通管理部门应当定期与公务用车主管部门交换公务用车注册登记信息、使用状态等情况。

纪检监察机关应当及时受理群众举报和有关部门移送的公务用车管理问题线索，严肃查处违纪违法问题。

第二十五条 公务用车主管部门有下列情形之一的，依纪依法追究相关人员责任：

（一）违规核定公务用车编制的；

（二）违规审批超编制、超标准配备公务用车的；

（三）违规审批未到年限更新公务用车的；

（四）违规安排公务用车经费预算的；

（五）有其他未按规定履行管理监督职责行为的。

第二十六条 党政机关有下列情形之一的，依纪依法追究相关人员责任：

（一）超编制、超标准配备公务用车的；

（二）违反规定将公务用车登记在下属单位、企业或者个人名下的；

（三）公车私用、私车公养，或者既领取公务交通补贴又违规使用公务用车的；

（四）换用、借用、占用下属单位或者其他单位和个人的车辆，或者擅自接受企事业单位和个人赠送车辆的；

（五）挪用或者固定给个人使用执法执勤、机要通信等公务用车的；

（六）为公务用车增加高档配置或者豪华内饰的；

（七）在车辆维修等费用中虚列名目或者夹带其他费用，为非本单位车辆报销运行维护费用的；

（八）违规处置公务用车的；

（九）有其他违反公务用车配备使用管理规定行为的。

第六章　附　　则

第二十七条　本办法所称小型客车、中型客车、大型客车等，依据中华人民共和国公共安全行业标准 GA802—2014《机动车类型 术语和定义》界定。

第二十八条　各省、自治区、直辖市以及中央和国家机关各部门，应当根据本办法，结合实际制定具体管理办法。

第二十九条　中央和国家机关所属垂直管理机构、派出机构公务用车由行政主管部门依照本办法进行管理。

各民主党派机关公务用车管理适用本办法。

不参照公务员法管理的事业单位公务用车，按照本办法的原则管理。

第三十条　本办法由国家机关事务管理局、中共中央直属机关事务管理局会同有关部门负责解释。

第三十一条　本办法自 2017 年 12 月 5 日起施行。中共中央办公厅、国务院办公厅 2011 年 1 月 6 日印发的《党政机关公务用车配备使用管理办法》同时废止。

评比达标表彰活动管理办法

（2018年12月21日中共中央批准　2018年12月21日中共中央办公厅、国务院办公厅发布）

第一条　为了规范评比达标表彰活动，加强评比达标表彰管理工作，根据《中共中央关于建立健全党和国家功勋荣誉表彰制度的意见》、《中华人民共和国国家勋章和国家荣誉称号法》、《中国共产党党内功勋荣誉表彰条例》、《国家功勋荣誉表彰条例》等有关规定，制定本办法。

第二条　评比达标表彰工作坚持以习近平新时代中国特色社会主义思想为指导，围绕中心、服务大局，大力弘扬社会主义核心价值观，遵循严格审批、总量控制、合理设置、注重实效的原则，坚持公开、公平、公正，面向基层和工作一线，严格按照规定的条件、权限和程序进行，坚持以精神激励为主、物质奖励为辅，体现先进性、代表性、时代性。

第三条　全国评比达标表彰工作协调小组在党和国家功勋荣誉表彰工作委员会统一领导下，负责全国评比达标表彰工作的政策指导、统筹协调、审核备案、监督检查。全国评比达标表彰工作协调小组办公室设在人力资源社会保障部，负责日常工作。

各省（自治区、直辖市）评比达标表彰工作协调机构负责本地区省级以下评比达标表彰工作的审核和管理，省级人力资源社会保障部门负责日常工作。

第四条 党的机关、人大机关、行政机关、政协机关、监察机关、审判机关、检察机关、人民团体和经国务院批准免予登记的社会团体（以下简称有关社团）及其所属单位，举办的面向各地区各部门或者本系统本行业的各类评比达标表彰活动，适用本办法。

第五条 党中央、国务院决定开展的评比达标表彰活动，不适用本办法。

年度考核、绩效考核、目标考核、责任制考核，属业务性质的资质评定、等级评定、技术考核，以本单位内设机构和人员为评选对象的评比达标表彰项目，不适用本办法。

第六条 评比达标表彰工作实行中央和省（自治区、直辖市）两级审批制度。审批权限不得擅自下放或者变相下放。

党中央、国务院负责审批中央和国家机关、人民团体、有关社团及其所属单位的评比达标表彰项目和各省（自治区、直辖市）的省级评比达标表彰项目。

各省（自治区、直辖市）党委和政府负责审批本地区省级以下评比达标表彰项目。各省（自治区、直辖市）评比达标表彰工作协调机构应当及时将省级以下项目设立、调整或者变更情况报全国评比达标表彰工作协调小组备案。

各地区各部门开展评比达标表彰活动，必须严格控制数量，不得要求下级单位配套开展。

第七条 设立、调整或者变更评比达标表彰项目，应当符合以下要求：

（一）项目对推进社会主义经济建设、政治建设、文化建设、社会建设、生态文明建设和党的建设具有积极作用和重要意义；

（二）项目名称与评选内容相符合，项目范围与主办单位职能范围相一致；

（三）项目奖项、规模和周期设置科学合理，原则上不设置子项目；

（四）项目评选过程公开、公平、公正，程序严格规范；

（五）项目经费预算符合国家有关规定。

第八条 中央和国家机关、人民团体、有关社团及其所属单位的评比达标表彰项目和各省（自治区、直辖市）省级评比达标表彰项目的设立、调整或者变更，在每年3月底前按照归口分别向党中央、国务院提出申请。

各省（自治区、直辖市）省级以下评比达标表彰项目按照归口分别向各省（自治区、直辖市）党委或者政府提出申请。

各地区各部门一般不得开展临时性评比达标表彰活动。因重大事件、重要专项工作等特殊情况，确需临时开展评比达标表彰活动的，可以单独申请。

第九条 按照国家有关规定，可以给予表彰奖励但未经批准的评比达标表彰项目，仍应当按照本办法提出申请。

已经批准的评比达标表彰项目，调整或者变更项目名称、主办单位、活动周期、评选范围、奖项设置、奖励标准等，应当重新提出申请。

第十条 申请设立新的或者临时开展的评比达标表彰项目，申报内容应当包括项目名称、主办单位、理由依据、活动周期、评选范围、参评总数、评选名额、奖项设置、奖励标准、评选条件、奖励办法、组织领导、经费来源和表彰形式等。

第十一条 中央和国家机关、人民团体、有关社团及其所属单位的评比达标表彰项目和各省（自治区、直辖市）省级评比达标表彰项目审批一般按照以下程序进行：

（一）中央办公厅、国务院办公厅分别将各地区各部门报党中央、国务院申请开展评比达标表彰活动的请示转全国评比达标表彰工作协调小组办公室；

（二）全国评比达标表彰工作协调小组办公室研究提出初审意见；

（三）全国评比达标表彰工作协调小组集中审核提出拟批复意见（一般在每年第二季度），并将评比达标表彰项目在有关媒体公示5个工作日，涉密项目等可以不公示，因重大事件、重要专项工作等特殊情况需临时开展的，可以单独审核；

（四）全国评比达标表彰工作协调小组将审核意见报党中央、国务院审批后，由全国评比达标表彰工作协调小组批复申报单位；

（五）全国评比达标表彰工作协调小组办公室向社会公布审批结果。

各省（自治区、直辖市）省级以下评比达标表彰项目审批，可以参照以上程序。

第十二条　评比达标表彰活动应当坚持自下而上、逐级审核推荐。主办单位应当就推荐的机关事业单位和干部按照管理权限，征求组织人事部门、纪检监察机关等部门意见；就推荐的企业和企业负责人，征求生态环境、人力资源社会保障、税务、市场监管、应急管理等有关主管部门意见。

第十三条　省部级评比达标表彰一般不评选副司局级或者相当于副司局级以上单位和干部、县级以上党委或者政府，县处级干部原则上不超过评选总数的20%。

第十四条　主办单位应当将评比达标表彰活动的评选条件、评选办法和评选结果等在适当范围内公示。涉及党和国家秘密或者存在不宜公开等事项可以按照规定不予公示。

第十五条　各地区各部门对拟不再举办的评比达标表彰项目，可以申请退出，并按照审批权限向评比达标表彰工作协调机构备案，由评比达标表彰工作协调机构向社会公布。

第十六条　对推动工作失去实际意义或者造成社会负面影响、群众反映比较强烈的评比达标表彰项目，应当按照审批权限由评比达标表彰工作协调机构研究提出撤销意见。各地区各部门省部级拟撤销评比达标表彰项目按照归口分别报经党中央、国务院批准后予以撤销，各省（自治区、直辖市）省级以下拟撤销评比达标表彰项目按照归口分别报经省（自治区、直辖市）党委或者政府批准后予以撤销。对决定撤销的项目，由评比达标表彰工作协调机构向社会公布。

根据需要，全国评比达标表彰工作协调小组可以直接撤销违规或者无存在必要的评比达标表彰项目。

第十七条 各省（自治区、直辖市）评比达标表彰工作协调机构应当及时将本地区省级以下退出和撤销项目报全国评比达标表彰工作协调小组备案。

第十八条 评比达标表彰项目退出或者撤销后，如再次申请同类项目，一般不予受理。

第十九条 主办单位应当承担开展评比达标表彰项目的全部费用，不得以任何形式向参评单位和个人收取费用。

党的机关、人大机关、行政机关、政协机关、监察机关、审判机关、检察机关、人民团体、有关社团、参照公务员法管理的事业单位举办评比达标表彰活动，所需经费按照现行资金渠道解决，纳入部门预算管理。

其他单位举办评比达标表彰活动，所需经费由单位自有资金解决。

第二十条 按照国家有关规定，规范评比达标表彰活动奖金管理。对于表彰奖励获得者发放奖金，标准根据奖励层级、行业特点、表彰规模、物价水平等因素确定，并根据经济社会发展水平动态调整。

对于获得表彰奖励的集体，不发放奖金。

严禁以开展评比达标表彰活动名义违规发放奖金。

第二十一条 各地区各部门应当切实加强对评比达标表彰活动的财务支出管理，坚持厉行节约，严格遵守财经纪律和财务规定。

第二十二条 任何组织和个人，未经批准，不得开展包含“国家”、“中国”、“中华”、“全国”、“亚洲”、“全球”、“世界”以及类似含义字样的评比达标表彰活动，不得开展未冠以上述字样但实质是全国范围的评比达标表彰活动。

对违反前款规定的组织和个人，宣传、发展改革、公安、民政、人力资源社会保障、人民银行、国资、税务、市场监管等部门，按照有关规定，采取责令停止开展活动、消除影响、约谈、公开曝光批评、纳入诚信记录等方式予以处理；违反法律法规的，依法予以行政处罚；构成犯罪的，依法追究刑事责任。

第二十三条 违反本办法规定，有下列情形之一的，由主管机关对单位主要负责人和直接责任人等给予批评教育、诫勉谈话、组织调整或者组织处理；情节严重的，按照有关规定给予党纪、政务处分；构成犯罪的，依法追究刑事责任；

（一）未经批准擅自开展、不按照批准事项开展评比达标表彰活动以及在评比达标表彰活动中违纪违规的；

（二）各级党的机关、人大机关、行政机关、政协机关、监察机关、审判机关、检察机关、人民团体、有关社团、事业单位、国有企业及其工作人员，违规开展或者参加违规开展的评比达标表彰活动的。

第二十四条 对违规开展或者参加违规开展的评比达标表彰活动的单位，由主管机关给予通报批评；情节严重的，5 年内不得开展评比达标表彰活动，取消其 5 年内评优评先资格。

第二十五条 开展评比达标表彰活动，应当主动接受群众监督、社会监督、舆论监督。

各级宣传、互联网信息内容管理工作主管部门应当加强对各类评比达标表彰活动新闻宣传工作的监督管理。任何单位和个人对未经审核批准的评比达标表彰活动，一律不得进行任何形式的宣传报道。

对违规评比达标表彰活动予以宣传报道的，依照本办法第二十二条、第二十三条、第二十四条规定处理。

第二十六条 加强对以国家名义开展评比达标表彰活动的监督管理，搭建查询和公示平台，建立违规评比达标表彰活动举报制度，鼓励群众通过电话、来信、网络等形式及时举报违规开展的评比达标表彰项目和评比达标表彰活动中的违法违规行为。

第二十七条 科学技术奖励活动包括社会力量设立的科学技术奖励，按照《国家科学技术奖励条例》有关规定办理。《国家科学技术奖励条例》规定可以自主设立并报有关部门备案的，应当同时按照本办法要求报全国评比达标表彰工作协调小组备案。

第二十八条 全国性文艺评奖和新闻媒体评奖由中央宣传部按照有关规定办理。

第二十九条 严格控制社会组织举办评比达标表彰活动，具体管理办法由民政部会同有关部门根据有关法律法规另行制定。

第三十条 对境外组织机构在我国境内举办评比达标表彰活动从严审批，具体管理办法另行制定。

第三十一条 《中国共产党党内功勋荣誉表彰条例》另有规定的，从其规定。军队和地方联合开展的评比达标表彰项目参照本办法执行，具体管理办法另行制定。

第三十二条 各省（自治区、直辖市）应当根据本办法制定具体实施细则，报全国评比达标表彰工作协调小组备案。中央和国家机关、人民团体、有关社团可以结合工作实际制定具体措施。

第三十三条 本办法由人力资源社会保障部负责解释。

第三十四条 本办法自 2018 年 12 月 21 日起施行，2010 年 10 月 27 日中央办公厅、国务院办公厅印发的《评比达标表彰活动管理办法（试行）》同时废止。

创建示范活动管理办法（试行）

（2022 年 4 月 20 日中共中央批准 2022 年 4 月 20 日中共中央办公厅、国务院办公厅发布）

第一条 为了规范和加强创建示范活动管理，深入改进作风，力戒形式主义，切实为基层减负，充分发挥创建示范引领作用，根据有关规定，制定本办法。

第二条 创建示范活动管理工作坚持和加强党的领导，提高政治站位，增强“四个意识”、坚定“四个自信”、做到“两个维护”；坚持以人民为中心的发展思想，围绕中心、服务大局，立足新发展阶段，完整、准确、全面贯彻新发展理念，服务和融入新发展格局，推动高质量发展；坚持统筹管理、合理设置、严格审批、动态调整、注重实效的原则，严格按照规定的条件、权限和程序进行。

第三条 本办法所称创建示范活动，是指各地区各部门为提高政策落实水平，推动高质量发展，对某项工作设置科学合理的考评指标体系，采取必要的推动措施，动员组织相关地方或者单位开展创建，通过评估、验收等方式，对符合标准的对象以通报、命名、授牌等形式予以认定，总结推广经验做法，发挥示范引领作用的活动。

年度考核、绩效考核、目标考核、责任制考核，属于业务性质的资质评定、等级评定、技术考核，技术示范、改革试点工作，以及以本单位内设机构为对象开展的创建示范活动，不属于本办法规范的创建示范活动。

第四条 中央和省级党的机关、人大机关、行政机关、政协机关、监察机关、审判机关、检察机关等党政机关和群团机关，市县级党委和政府，经批准可以开展创建示范活动。市县级其他党政机关和群团机关以及乡镇（街道）不得开展创建示范活动。

社会组织可以受中央或者省级业务主管单位、行业管理部门委托承办或者受邀参与相关行业领域的创建示范活动。情况特殊的，可以由中央或者省级业务主管单位、行业管理部门按照程序报批后，以社会组织的名义开展创建示范活动。

第五条 创建示范活动实行中央和省（自治区、直辖市）两级审批制度。

中央一级党政机关和群团机关、各省（自治区、直辖市）

党委和政府的创建示范活动（以下简称省级以上创建示范活动），由党中央、国务院审批。

省级其他党政机关和群团机关、市县级党委和政府的创建示范活动（以下简称省级以下创建示范活动），由各省（自治区、直辖市）党委和政府审批。

第六条 全国评比达标表彰工作协调小组负责全国创建示范活动的政策指导、统筹协调、审核备案、监督检查。全国评比达标表彰工作协调小组办公室设在人力资源和社会保障部，负责日常工作。

各省（自治区、直辖市）承担评比达标表彰工作协调职能的机构负责本地区省级以下创建示范活动的审核和管理，及时将省级以下创建示范活动设立、调整、变更情况报送全国评比达标表彰工作协调小组备案，日常管理工作由省级人力资源社会保障部门承担。

第七条 创建示范活动实行目录管理，根据情况变化及时调整，实施动态管理。严格控制创建示范活动数量，特别是以城市、乡镇（街道）、村（社区）和企业为对象的创建示范活动的数量。不得在目录范围以外开展创建示范活动。

第八条 申请设立创建示范活动，应当符合下列要求：

（一）对推进经济建设、政治建设、文化建设、社会建设、生态文明建设和党的建设具有积极作用和重要意义；

（二）对推动重大战略实施、重要政策落实、重点工作开展具有示范引领作用和宣传推广意义；

（三）活动内容与主办单位职责一致，活动名称与创建示范活动内容相符合，不与已有创建示范活动重复；

（四）考评指标体系设置科学合理、标准明确、操作性强；

（五）提出推动创建、培育引导和示范推广措施，深入参与创建过程；

（六）原则上应当安排一定的政策支持，经费来源和预算符合有关规定。

第九条 省级以上创建示范活动的设立、调整或者变更，在每年3月底前按照归口分别向党中央、国务院提出申请。

省级以下创建示范活动按照归口分别向各省（自治区、直辖市）党委和政府提出申请。

第十条 申请设立创建示范活动应当提出工作方案，内容包括活动名称、理由依据、主办单位、创建对象或者范围、活动设置、创建数量、考评指标、评估周期、活动时限、具体措施、认定形式、监督管理、退出机制、经费来源等。

已经批准保留的创建示范活动，调整或者变更活动名称、主办单位、创建对象或者范围、活动设置、创建数量等，应当提出调整变更申请。

按照有关规定可以开展创建示范活动但未经批准的，应当按照本办法提出申请。

创建示范活动原则上不再开展表彰活动，确需开展的，应当按照规定程序报批。

第十一条 省级以上创建示范活动审批，一般按照下列程序进行：

（一）中央办公厅、国务院办公厅分别将各地区各部门的请示转全国评比达标表彰工作协调小组办公室办理；

（二）全国评比达标表彰工作协调小组办公室研究提出初审意见；

（三）全国评比达标表彰工作协调小组审核提出拟批复意见，并向社会公示；

（四）全国评比达标表彰工作协调小组将拟批复意见报党中央、国务院批准后，由全国评比达标表彰工作协调小组批复申报单位；

（五）全国评比达标表彰工作协调小组办公室向社会公布。

省级以下创建示范活动的审批，可以参照以上程序进行。情况特殊的，可以简化程序。

第十二条 创建示范活动一般按照下列程序开展：

（一）发布通知。公开发布创建示范活动通知，提出创建示范活动工作方案。

（二）动员组织。动员组织创建对象积极参与，结合实际制定创建工作方案，自愿申报参加创建工作。

（三）推动创建。采取必要的措施，对符合资格的创建对象加强政策指导和培育引导，推动其在评估周期内达到考评指标要求。

（四）评估验收。成立领导小组或者评审委员会，按照科学规范的程序开展评估验收，确保评估结果公平、公正。

（五）组织公示。向社会公示评估验收结果，主动接受社会监督。

（六）认定公布。对达标或者验收合格的对象予以认定，并向社会公布。

（七）总结推广。及时总结创建示范经验做法，组织宣传推广，充分发挥创建示范引领作用。

第十三条 建立健全综合考评机制，统筹设置考评指标体系。积极运用信息化技术优化考评方法，注重采取明察暗访等多种方式开展考评，加强常态化管理，形成长效机制。

对已认定的创建示范对象，复查结果不合格或者不符合标准的，及时取消资格，予以摘牌。

第十四条 创建示范活动主办单位应当切实履行主体责任，通过对创建对象给予政策支持、工作指导、培育引导等措施，深入参与和指导监督，帮助和引导创建对象解决创建过程中的问题和困难，加强经验总结和宣传推广，发挥创建示范引领作用。

第十五条 开展创建示范活动应当坚持厉行节约、反对浪费，严守财经纪律和财务规定。所需经费由各地区各部门通过现有资金渠道统筹解决，不得额外追加预算安排，不得以任何形式向创建对象收取费用。

第十六条 开展创建示范活动，应当主动公开活动开展情况，接受群众监督、社会监督、舆论监督。评比达标表彰工作协调机构应当搭建查询和公示平台，鼓励群众通过电话、来信、网络等形式举报违规开展的创建示范活动以及创建示范活动中的违规违纪违法行为。

第十七条 全国评比达标表彰工作协调小组加强对省级以上创建示范活动的监督检查和评估，采取随机抽查、网上巡查、专项检查等方式，适时开展监督检查和评估工作。各地区各部门适时开展对本地区本系统创建示范活动的监督检查和评估。

纪检监察机关应当将创建示范活动开展情况纳入纪检监察的内容。宣传、网信部门应当加强对创建示范活动新闻宣传工作的监督管理。审计部门应当加强对创建示范活动经费管理使用等情况的审计监督。

第十八条 各地区各部门对已完成创建任务且不再开展的创建示范活动，应当及时进行总结并报送全国评比达标表彰工作协调小组或者各省（自治区、直辖市）承担评比达标表彰工作协调职能的机构，同时提出撤销申请，由全国评比达标表彰工作协调小组或者各省（自治区、直辖市）承担评比达标表彰工作协调职能的机构按照程序报批后予以撤销。

根据新形势、新要求需要进行调整或者变更的创建示范活动，应当按照本办法第九条规定申请报批后实施。

对脱离中心任务、推动工作不力、群众反映强烈、社会影响恶劣的创建示范活动，由全国评比达标表彰工作协调小组或者各省（自治区、直辖市）承担评比达标表彰工作协调职能的机构按照程序报批后予以撤销。

第十九条 任何组织和个人，未经批准，不得开展包含“国家”、“中国”、“中华”、“全国”、“亚洲”、“全球”、“世界”以及类似含义字样的创建示范活动，不得开展未冠以上述字样但实质是上述范围的创建示范活动。

对违反前款规定的组织和个人，宣传、网信、发展改革、公安、民政、人力资源社会保障、人民银行、国资、税务、市场监管等部门，按照有关规定和各自职责，采取责令停止开展活动、消除影响、约谈、公开曝光批评、纳入信用记录等方式予以处理；违反法律法规的，依法予以处罚处理；构成犯罪的，依法追究刑事责任。

第二十条 有下列情形之一的，根据情节轻重，由有关主管部门对单位主要负责人和直接责任人等给予批评教育、责令检查、诫勉、组织处理，或者依规依纪依法给予处分；构成犯罪的，依法追究刑事责任：

（一）未经批准擅自开展创建示范活动；

（二）对未经批准的创建示范活动进行宣传报道；

（三）在创建示范活动中借机收费、变相收费或者存在徇私舞弊、弄虚作假等违规违纪违法行为；

（四）严重扰乱市场秩序，影响公平竞争；

（五）引发严重社会不良影响，加重基层负担，造成恶劣后果；

（六）参与违规开展的创建示范活动；

（七）在创建示范活动管理中存在违规审批、滥用职权、敷衍塞责等违规违纪违法行为；

（八）其他违规违纪违法的情形。

第二十一条 对开展创建示范活动中存在违规违纪违法行为的单位，由主管机关给予通报批评；情节严重的，责令立即停止或者撤销创建示范活动。

第二十二条 各级党组织面向党员和基层党组织开展的创

建示范活动，按照党内有关规定执行。

第二十三条 本办法由全国评比达标表彰工作协调小组办公室负责解释。

第二十四条 本办法自发布之日起施行。

四、典型案例

（一）正面典型[①]

1. 上海市开展“四减”行动为基层赋能。贯通推进“减负”上半篇文章和“增能”下半篇文章，开展减证明、减系统、减考核、减挂牌“四减”行动，居村出具证明由47项精简至3项，示范创建由37项精简至9项，填报信息系统由38个精简至15个，“群众满意”占居村考核权重提高到50%，并建立完善统筹协调、准入管理、动态监测、督查督办四项机制，防反弹回潮。健全优化“街道—社区—网格—楼栋”组织架构，常态化开展大走访，建设基层治理数字化平台，编制首个基层骨干5年教育培训计划，创设推广社区治理学院新模式，为基层赋能。

2. 湖南省以“信息化平台+负面清单”整治“文山会海”。针对基层反映强烈的文件多、会议多等各类问题，制定出台“十二个不得”具体措施，对发文、开会等提出量化硬要求，向

---

① 参见《中央学习贯彻习近平新时代中国特色社会主义思想主题教育领导小组办公室 中央层面整治形式主义为基层减负专项工作机制办公室关于5起整治形式主义为基层减负优劣典型的情况通报》，载人民网，http：//zzxszy.people.cn/n1/2024/0407/c458757-40211053.html，最后访问时间：2025年4月8日。

社会公开发布并征集问题线索，点对点交办问题督促整改。建设文会智治信息化平台，对全省各级各部门发文开会情况进行监测，分红色、黄色、绿色进行实时预警管理，并开展专项整治。

3. 山西省阳泉市城区坚持减负和赋能相结合，持续提升基层治理能力。通过“减上补下”的方式全力推动编制下沉，在全区事业编制总额内为乡镇（街道）大幅调剂增加事业编制。招聘优秀大学毕业生（事业编）到村社工作，从社区“两委”干部择优选聘事业编制人员，对部分社区干部参照事业单位享受待遇，对乡镇街道人员经费足额保障，运转经费、其他项目经费全部落实到位，社区干部薪酬、基层工作经费均有较大幅度增加，以添人手、涨薪酬等务实举措，增强基层的获得感和使命感。

（二）脱离实际，盲目决策，造成资金浪费

1. 某县盲目决策建设“某陶缘”农业旅游综合体项目①

2016 年 9 月，某县通过招商引资，计划投资 4 亿元建设“某陶缘”农业旅游综合体，并约定分三期给予项目投资方配套资金 1.2 亿元。2017 年 3 月，某县在未召开城市规划委员会会议审核、未完善项目用地手续、未办理施工许可证等相关证照

① 参见《中央学习贯彻习近平新时代中国特色社会主义思想主题教育领导小组办公室　中央层面整治形式主义为基层减负专项工作机制办公室关于 5 起整治形式主义为基层减负优劣典型的情况通报》，载人民网，http://zzxszy.people.cn/n1/2024/0407/c458757-40211053.html，最后访问时间：2025 年 4 月 8 日。

情况下仓促开工建设，并未经批准改变土地用途，占用528.7亩土地挖湖造景，建设广场等配套设施。该县在融资4000万元用于首期配套资金后，因与投资方在投资额认定上产生分歧，未兑现剩余配套资金。目前，投资方资金链断裂，在建工程烂尾，已建成项目无法正常运营，资源基本处于闲置状态，配套资金被严重浪费。

2. 某县在水土保持核心区搞“挖山造田”①

某县在原重点水土流失区、现水土保持核心区组织实施耕地、山林开发项目，通过劈山、平山“造田”，将地势陡峭、缺少水源、沙化严重的山坡开发成梯田，不顾缺水实际硬造“水田”。在“挖山造田”的带动下，当地连续22年实现耕地占补平衡并经常超额完成指标，但部分新造田块耕种困难、缺水抛荒，有的山林开发项目烂尾、植被破坏，在水土流失治理尚未成功时，可能引起二次水土流失。

3. 某市盲目举债上马“有轨电车”项目造成巨大资金浪费②

2018年以来，某市通过PPP模式，规划投融资90亿元建设“有轨电车”一期和二期工程。2020年5月1日，一期工程建成并正式运营。同年11月，二期工程正式开工，并同步实施某大

---

① 参见《中央学习贯彻习近平新时代中国特色社会主义思想主题教育领导小组办公室、中央层面整治形式主义为基层减负专项工作机制办公室公开通报3起整治形式主义为基层减负典型问题》，载人民网，http://zzxszy.people.cn/n1/2024/0408/c458759-40211365.html，最后访问时间：2025年4月8日。

② 参见《中央学习贯彻习近平新时代中国特色社会主义思想主题教育领导小组办公室、中央层面整治形式主义为基层减负专项工作机制办公室公开通报3起整治形式主义为基层减负典型问题》，载人民网，http://zzxszy.people.cn/n1/2024/0408/c458759-40211365.html，最后访问时间：2025年4月8日。

道提升改造工程，计划3年建成。目前，由于资金投入不到位，二期工程实际进度仅过半，“有轨电车”这一“民心”工程成了建也没钱建、拆也不能拆的“闹心”工程。一期工程运营以来，年运载乘客仅约80万人次，收入160万元，年运营成本约4000万元，运营亏空主要来自财政补贴和运营主体自筹。同时，由于未考虑沿线河道蓄水问题，导致一期工程存在潜在地质风险，二期工程及某大道提升改造进展缓慢造成交通拥堵，给群众出行和生产生活造成较大影响。

4. 某自治区部分地方耕地提质改造（旱改水）项目组织实施不科学、乱铺摊子留隐患①

近年来，某自治区部分地方过度追求耕地指标交易价格较高的水田指标，不顾缺水实际引入社会资本实施耕地提质改造（旱改水）项目，有的市计划实施总面积28万亩，有的市立项530多个，还有的县将其作为“一号工程”，16家企业同时开工建设，动工面积达8.9万亩。在大规模实施下，部分旱改水项目因后期监管不到位、灌溉水源难以保障等，有的已经复种旱地作物，有的弃耕、弃收、撂荒，甚至个别挖塘养殖，出现“非农化”“非粮化”情况。截至2023年6月，该自治区有101个旱改水项目被自然资源部标记退回，核减水田指标面积约4.71万亩。同时，由于水田指标快速增加以及指标交易市场降温，造成指标交易难、企业回款慢，有的县发生欠租欠薪欠债等衍生问题。

---

① 参见《中央学习贯彻习近平新时代中国特色社会主义思想主题教育领导小组办公室、中央层面整治形式主义为基层减负专项工作机制办公室公开通报3起整治形式主义为基层减负典型问题》，载人民网，http://zzxszy.people.cn/n1/2024/0408/c458759-40211370.html，最后访问时间：2025年4月8日。

（三）不切实际盲目下指标、定任务，考核任务过多过重

1. 某县推广应用“一部手机办事通”下达不切实际的任务指标①

2022年10月，某县政务服务管理局为片面追求考核加分，背离上级推广初衷，按照本县户籍人口人均通过“一部手机办事通”小程序办理3件事项的数量，确定了年底前完成138万件的任务指标，印发文件将指标分解到各乡镇、县直相关部门，要求全县干部职工年度人均办理150件。文件印发2个月内，某县干部职工通过“一部手机办事通”完成查询、办理、预约类事项138万余件，严重增加基层干部负担。

2. 某省有的市县层层加码摊派经营主体增长任务②

2022年和2023年，某县等地方不顾自身实际、违背市场规律，以行政命令方式层层加码下达指标，强行推进经营主体数量倍增任务。有的将指标任务摊派给所辖乡镇（街道），有的将这项工作纳入对各乡镇（街道）的考核，实施周通报、月调度、季研

---

① 参见《中央学习贯彻习近平新时代中国特色社会主义思想主题教育领导小组办公室　中央层面整治形式主义为基层减负专项工作机制办公室关于5起整治形式主义为基层减负优劣典型的情况通报》，载人民网，http://zzxszy.people.cn/n1/2024/0407/c458757-40211053.html，最后访问时间：2025年4月8日。

② 参见《中央层面整治形式主义为基层减负专项工作机制办公室、中央纪委办公厅公开通报3起整治形式主义为基层减负典型问题》，载人民网，http://zzxszy.people.cn/n1/2024/0408/c458757-40211705.html，最后访问时间：2025年4月8日。

判、年考核。在上级强推下，部分乡镇（街道）为完成任务、应对考核，采取动员、代办等方式，以群众名义注册一些没有实际经营业务的经营主体进行充数，甚至出现一人注册 20 多个经营主体的情况，有的在年度考核评比结束后，再将一些经营主体注销。

3. 某市在公益活动中设立点赞指标加重基层负担①

2023 年，某市在参与“点赞中国城”公益活动期间，市委宣传部下发通知，要求各县（市、区）、各单位定期调度进度，通报点赞数量排名情况，并明确提出各地区参与率不得低于总人口 10%的要求。各县（市、区）召开专题部署推动会，层层传导“压力”，有的县区要求“向主要领导汇报数据统计情况”，有的县区提出每个社区每天要完成 500 个点赞任务。有的学校和医院分别要求教师、学生、家长和医生、护士全员参与，班主任汇总全班“点赞”证书照片打包上传。这种摊派点赞任务的做法引发基层干部群众反感。

4. 某县实行“千分制”甚至“双千分制”“三千分制”考核体系②

2018 年以来，某县对乡镇和县直部门单位组织开展了“千分制”甚至“双千分制”“三千分制”综合考核，其中 2018 年开展党建、经济社会发展“双千分制”考核，2019 年还增加重大隐患

---

① 参见《中央层面整治形式主义为基层减负专项工作机制办公室、中央纪委办公厅公开通报 3 起整治形式主义为基层减负典型问题》，载人民网，http：//zzxszy. people. cn/n1/2024/0408/c458757-40211705. html，最后访问时间：2025 年 4 月 8 日。

② 参见《中央学习贯彻习近平新时代中国特色社会主义思想主题教育领导小组办公室、中央层面整治形式主义为基层减负专项工作机制办公室公开通报 3 起整治形式主义为基层减负典型问题》，载人民网，http：//zzxszy. people. cn/n1/2024/0408/c458759-40211365. html，最后访问时间：2025 年 4 月 8 日。

整治板块，实行“三千分制”考核，其他年份实行“千分制”考核。同时，该县有个别部门、镇街在有的年度对下属单位、所属村（社区）开展过“双千分制”考核。这类考核虽然有区分优劣、激励担当、促进发展的作用，但指标设置客观上存在过多过细、不够科学精准、脱离实际等倾向，还有的考核频率过高，实行月度排名、季度通报，不利于干部树立长远政绩观，加重了基层负担。

5. 某市卫生健康委党组成员、副主任杨某某在组织开展创建国家卫生城市工作中下达不切实际的任务，加重基层负担问题①

2024 年 1 月，某市卫生健康委在组织开展创卫城市工作满意度网上问卷调查工作中，为确保问卷调查满意度达到 90%以上，以某市爱卫办的名义，向某区和市直相关部门下达不切实际的任务指标，并分别明确了公务员、教师、学生、医务人员的填卷比例。某区为完成考核任务再次下发通知，要求各单位按照指标完成问卷调查、截图留痕，部分学校还通知学生家长参与问卷调查。杨某某受到党内严重警告处分。

6. 某省文化和旅游厅原党组书记、厅长李某某政绩观扭曲，急功近利、层层加码、脱离实际设定目标问题②

2013 年至 2021 年，李某某在担任某市市长、市委书记期间，不顾实际在该地经济技术开发区大肆上马房地产项目，把

---

① 参见《中央纪委国家监委公开通报八起违反中央八项规定精神典型问题》，载中央纪委国家监委网站，https：//www.ccdi.gov.cn/toutiaon/202409/t20240912_374829.html，最后访问时间：2025 年 4 月 8 日。

② 参见《中央纪委国家监委公开通报六起形式主义、官僚主义典型问题》，载中央纪委国家监委网站，https：//www.ccdi.gov.cn/toutiaon/202312/t20231227_317460.html，最后访问时间：2025 年 4 月 8 日。

经开区变成“房地产开发区”；盲目追求政绩，要求全市在 3 年内建成全国第一个全域“海绵城市”，工程质量问题频发，干部群众反映强烈；急功近利，为全市项目观摩考核设定不切实际的目标，导致一些县区脱离实际花巨资“堆盆景”，甚至弄虚作假造项目。李某某还存在其他严重违纪违法问题，被开除党籍、开除公职，2023 年 3 月因受贿罪被判处有期徒刑十二年。

7. **某市总工会制定文件脱离实际、层层加码问题**[①]

2020 年 9 月，某市总工会未经调研和征求意见，印发了关于建会入会目标任务的通知，将省总工会分解给该市截至 2023 年 12 月底完成的目标任务，细化为到 2021 年 6 月 30 日完成目标任务的 80%，大幅缩短了基层完成任务的时限，大大加重基层工作负担。该市总工会负责人和相关责任人分别受到党纪政务处分和组织处理。

8. **某市医保局在提高医保电子凭证结算率工作中方式方法简单化，导致医疗机构虚增门诊科室、虚假刷单问题**[②]

2022 年 6 月，为加快推进医保电子凭证使用工作，某市医保局要求辖区内医疗机构医保电子凭证平均结算率 9 月份达到 40%，对达不到要求的医疗机构，暂缓拨付当月医保基金、暂缓签订下一年度定点服务协议，工作中未能结合实际对基层医疗

① 参见《中央纪委国家监委公开通报十起加重基层负担的形式主义、官僚主义典型问题》，载中央纪委国家监委网站，https：//www. ccdi. gov. cn/toutiaon/202307/t20230711_ 274599. html，最后访问时间：2025 年 4 月 9 日。

② 参见《中央纪委国家监委公开通报十起加重基层负担的形式主义、官僚主义典型问题》，载中央纪委国家监委网站，https：//www. ccdi. gov. cn/toutiaon/202307/t20230711_ 274599. html，最后访问时间：2025 年 4 月 9 日。

机构进行具体指导督促，导致各基层医疗机构通过虚增门诊科室、虚假刷单等方式提高电子凭证平均结算率。某市医保局负责人受到组织处理。

(四) 搞“指尖上的形式主义”，过度留痕

1. 某镇有的村干部政务 APP、工作群打卡、学习、留痕负担重[①]

某镇有的村干部手机里有 5 个政务 APP、26 个工作群，部分政务 APP 规定了学习时长和学习积分，每天都要花时间用于政务 APP 打卡、学习，日常工作中疲于回复各类工作群的消息，还有的工作群需要上传各项资料和照片。村里每个月要做一次安全检查，需要去各个小餐馆、小作坊检查并拍照，上传到政务 APP 或者工作群，还要填表，增加了村干部的负担。

2. 某县医保局在学习使用“学习强国”中搞积分排名、通报约谈，引起党员干部抵触情绪[②]

2023 年 8 月，某县医保局召开“学习强国”分数落后学员

① 参见《中央学习贯彻习近平新时代中国特色社会主义思想主题教育领导小组办公室、中央层面整治形式主义为基层减负专项工作机制办公室公开通报 3 起整治形式主义为基层减负典型问题》，载人民网，http：//zzxszy. people. cn/n1/2024/0408/c458759-40211370. html，最后访问时间：2025 年 4 月 8 日。

② 参见《中央学习贯彻习近平新时代中国特色社会主义思想主题教育领导小组办公室、中央层面整治形式主义为基层减负专项工作机制办公室公开通报 3 起整治形式主义为基层减负典型问题》，载人民网，http：//zzxszy. people. cn/n1/2024/0408/c458759-40211370. html，最后访问时间：2025 年 4 月 8 日。

集体约谈会，指出该局28名党员干部，只有18人学习情况较好，其他人员学习主动性不强，要求每日学习积分要达到30分以上。该局还在内部工作群通报“学习强国”每周积分排名前6位和后6位学员名单，这种做法给党员干部额外增加了学习负担。

3. 某市城管执法局户外广告设置管理办公室在网络评选中违规要求各社区投票问题[①]

2020年6月，在某微信公众号组织的迎“七一”微视频网络评选活动中，某市城管执法局户外广告设置管理办公室相关人员在市城管大会战指挥部的工作群中，以市城管大会战指挥部的名义下发通知，要求各社区为市城管执法局投票，并将投票情况与平时工作考核挂钩，造成不良影响。某市城管执法局户外广告设置管理办公室负责人受到政务处分。

4. 某市农业生态环境与资源保护站搞过度留痕问题[②]

2021年6月，某市农业生态环境与资源保护站在省农业农村厅《农村户厕入户摸排表》村级调查表基础上，搞层层加码，要求基层在填报调查表的同时，上传户厕整改前后的照片，“痕迹主义”作祟，加重基层负担。某市农业生态环境与资源保护站负责人受到组织处理。

---

① 参见《中央纪委国家监委公开通报十起加重基层负担的形式主义、官僚主义典型问题》，载中央纪委国家监委网站，https：//www.ccdi.gov.cn/toutiaon/202307/t20230711_274599.html，最后访问时间：2025年4月8日。

② 参见《中央纪委国家监委公开通报十起加重基层负担的形式主义、官僚主义典型问题》，载中央纪委国家监委网站，https：//www.ccdi.gov.cn/toutiaon/202307/t20230711_274599.html，最后访问时间：2025年4月9日。

（五）违规开展评比达标、创建示范活动，转嫁摊派费用

1. 某市教育局违规开展创建示范活动、某区教育局长期借调教师①

2023 年，某市教育局在不具备创建示范活动开展权限情况下，开展“依法治校示范校”创建工作，并将上级单位“两年一创建”的频次加码为“一年一创建”，将上级单位下发的 98 项评价指标层层分解为 179 项打分标准，导致有的申报学校准备了约 1000 项评审材料，给基层学校增加负担。2024 年 3 月，在中央已部署创建示范活动清理优化工作后，某市教育局仍未及时叫停“依法治校示范校”创建工作。同时，该市某区教育局长期从中小学校抽调借用教师，借调教师占全局工作人员比重曾高达 60%以上，有的借调时间超过 20 年。

2. 某市绕道社会组织或国有企业规避审批、摊派费用举办河豚节②

2016 年至 2023 年，某市未履行报批程序，以该市河豚协会

① 参见《中央层面整治形式主义为基层减负专项工作机制办公室、中央纪委办公厅公开通报 3 起整治形式主义为基层减负典型问题》，载人民网，http：//zzxszy. people. cn/n1/2024/0821/c458757-40303573. html，最后访问时间：2025 年 4 月 8 日。

② 参见《中央层面整治形式主义为基层减负专项工作机制办公室、中央纪委办公厅公开通报 3 起整治形式主义为基层减负典型问题》，载人民网，http：//zzxszy. people. cn/n1/2024/0821/c458757-40303573. html，最后访问时间：2025 年 4 月 8 日。

或国有企业名义共举办7届河豚节，实际由政府主导，活动方案经市委、市政府会议研究确定，相关党政机关参与主办或协办，共支出费用8400余万元。其中以“社会团体会费”“广告宣传费”等名义向所属机关事业单位、乡镇（街道）、村（社区）、国有企业等摊派4200余万元，向民营企业、商业银行等单位及个人拉赞助740余万元，承办河豚节的国有企业垫资3400余万元。7届河豚节共举办6场文艺活动，费用主要为摊派或变相摊派的资金。

3. 某学生营养与健康促进会违规开展达标创建活动，评分标准繁琐需基层提供大量证明材料[①]

2024年9月，某学生营养与健康促进会违规向各省区市有关单位下发通知，部署开展2025年“营养与健康学校（幼儿园）”建设申报评审工作，要求各省区市有关机构组织当地学校、幼儿园申报评审，且提出每年对达标学校工作开展情况进行考核。评分标准繁琐，其中营养与健康学校评分表包含8大类共39项内容、117项评分标准，指标层级达到3级。某学生营养与健康促进会以上做法明显违反《整治形式主义为基层减负若干规定》关于规范创建示范和达标活动、统筹规范督查检查考核等有关要求。

---

① 参见《中央层面整治形式主义为基层减负专项工作机制办公室 中央纪委办公厅公开通报3起整治形式主义为基层减负典型问题》，载人民网，http：//zzxszy. people. cn/n1/2025/0209/c458757-40415290. html，最后访问时间：2025年4月8日。

4. 某市教育部门对社会事务进校园缺乏统筹规范，违规开展达标、签订责任状等活动，增加教师非教育教学负担①

某市教育局违反《整治形式主义为基层减负若干规定》，未叫停有关达标活动，2024年10月仍然开展中小学消防安全标准化管理达标验收工作，要求学校对照100余项验收标准自评自查，准备每月防火检查、每日防火巡查、消防安全教育等各类台账资料。该市某县教育局2024年5月开展预防学生溺水安全专项工作，把应由专业部门承担的职责任务摊派给学校，安排学校全面排查校园周边水库、江河湖泊等重点水域，要求学生、家长频繁签订承诺书、责任书，把防溺水工作台账作为校长责任制考核和责任追究倒查的重要依据，非教育教学事务、过度留痕要求加重了中小学教师负担。

5. 某区环境卫生事务中心副主任吕某某违规组织开展生活垃圾分类考核评比，加重基层负担问题②

2022年6月至2024年5月，吕某某在某区生活垃圾分类考核事项没有列入全区督查检查考核事项、没有按程序报批的情况下，定期对有关单位进行随机抽查考核，共违规组织开展考核7次；其间，还擅自组织4次城市生活垃圾分类考核评比活动，加重基层负担。吕某某受到党内警告处分。

---

① 参见《中央层面整治形式主义为基层减负专项工作机制办公室 中央纪委办公厅公开通报3起整治形式主义为基层减负典型问题》，载人民网，http：//zzxszy. people. cn/n1/2025/0209/c458757-40415290. html，最后访问时间：2025年4月8日。

② 参见《中央纪委国家监委公开通报八起违反中央八项规定精神典型问题》，载中央纪委国家监委网站，https：//www. ccdi. gov. cn/toutiaon/202409/t20240912_ 374829. html，最后访问时间：2025年4月9日。

6. 某县市场监督管理局任性用权违规向群众转嫁摊派费用问题①

2019年3月，某县市场监督管理局与相关企业签订协议，委托其建设本县市场监管业务信息平台，作为回报，允许该企业在辖区范围内独家开展食品、医药等领域从业资格培训、继续教育培训。协议签订后，县市场监督管理局违反商户自愿培训有关规定，要求各市场监管所与该企业共同向辖区商户进行培训推广。2019年至2021年，该企业向辖区内商户共计2000余人收取培训费用82万余元，造成不良影响，加重商户负担。某县市场监督管理局负责人受到党纪政务处分。

（六）违反精文减会有关规定搞文山会海，照搬照抄上级文件内容

1. 某集团办公室对各部门各单位召开会议缺乏统筹，导致开会多陪会多，干部职工反映比较强烈②

据统计，2022年，某集团总部（含部门单位）要求下属企业参加的会议800余次，平均每个工作日超过3次，2023年某

① 参见《中央纪委国家监委公开通报十起加重基层负担的形式主义、官僚主义典型问题》，载中央纪委国家监委网站，https：//www. ccdi. gov. cn/toutiaon/202307/t20230711_ 274599. html，最后访问时间：2025年4月8日。

② 参见《中央层面整治形式主义为基层减负专项工作机制办公室、中央纪委办公厅公开通报3起整治形式主义为基层减负典型问题》，载人民网，http：//zzxszy. people. cn/n1/2024/0821/c458757-40303573. html，最后访问时间：2025年4月8日。

下属公司参加集团及各部门各单位会议280余次，平均每个工作日都有会议。2023年9月有关方面指出其“开会多陪会多”问题，此后6个月内会议数量不降反升。会议多陪会多挤占大量工作时间，该集团干部职工对此反映比较强烈。

2. 某乡卫生院院长于某组织会议过多过频，加重基层负担问题[①]

某乡卫生院院长于某落实基层减负要求不到位，大搞文山会海，2023年召开晨会和午会共计200余次，要求全体医护人员参加，影响医护人员接诊。于某还存在其他违纪问题，受到党内严重警告处分。

3. 某市政府办公室重复转发文件、照搬照抄上级文件内容问题[②]

2020年8月，某市政府办公室将省民政厅已印发市、县两级的文件，再次转发至各县（市、区）。2021年，制发的城市农田防护林体系建设工作方案、土地例行督察反馈问题整改工作实施方案等文件，与省政府办公厅文件内容重复率达80%以上。某市政府办公室负责人受到组织处理。

---

① 参见《中央纪委国家监委公开通报八起违反中央八项规定精神典型问题》，载中央纪委国家监委网站，https：//www.ccdi.gov.cn/toutiaon/202409/t20240912_374829.html，最后访问时间：2025年4月9日。

② 参见《中央纪委国家监委公开通报十起加重基层负担的形式主义、官僚主义典型问题》，载中央纪委国家监委网站，https：//www.ccdi.gov.cn/toutiaon/202307/t20230711_274599.html，最后访问时间：2025年4月9日。

（七）搞劳民伤财的“形象工程”“政绩工程”

1. 某县违规使用资金维修政府办公楼楼顶、建设广场景观小品①

某县投资5.9亿元建设县城水系生态治理及城市停车场惠民工程。项目实施过程中，该县违规将县政府综合办公楼仿古屋顶及外立面涂装、政府综合办公楼亮化工程等打包到县城水系生态治理及城市停车场惠民工程中，实际形成支出1193万元。同时，项目还在城市广场建设了多处景观小品，包括一座银色莲花雕塑、一座景观石、一处地雕、多棵仿真椰子树，实际形成支出1305万元。

2. 某区对外交流中心存在过度装修问题②

2021年7月至2023年12月，某区投资12.16亿元建设建筑面积8.22万平方米的对外交流中心项目。建设过程中，使用进口石材拼花、手工羊毛地毯、玻璃幕墙等高档材料进行豪华装修，园林绿化工程总花费697.4万元，智能化信息系统造价超过1.2亿元，其会议中心装修成本更是高达5489元/平方米，是建

---

① 参见《中央层面整治形式主义为基层减负专项工作机制办公室 中央纪委办公厅公开通报3起整治形式主义为基层减负典型问题》，载人民网，http：//zzxszy.people.cn/n1/2024/1112/c458757-40359182.html，最后访问时间：2025年4月8日。

② 参见《中央层面整治形式主义为基层减负专项工作机制办公室 中央纪委办公厅公开通报3起整治形式主义为基层减负典型问题》，载人民网，http：//zzxszy.people.cn/n1/2024/1112/c458757-40359182.html，最后访问时间：2025年4月8日。

设成本的近2倍。

3. 某市部分农家书屋缺乏实效①

近年来，某市投入资金建设农家书屋600余个，这些书屋虽然在一定程度上起到了保障农民基本文化权益、加强农村精神文明建设、巩固基层思想文化阵地的作用，但也存在脱离实际需求、管理维护等配套机制不健全、图书种类偏少以及图书配备的针对性、适用性与农民实际生产生活存在差距等问题。在当前信息化快速发展形势下，农民群众获取信息方式更加多元，书屋实际利用率越来越低，客观上造成资金使用浪费。

4. 某市某县在农村人居环境整治中层层加码、检查考评过多过频、搞“面子工程”等问题②

某县在推进人居环境整治工作中，脱离实际、违背干部群众意愿随意决策，出台文件“一刀切”要求定期清理本地区国道、省道、县道等主干路两侧野树杂草，留茬高度在10厘米左右。只顾“面子”、不顾“里子”，对主干路两侧可视范围和领导干部调研检查经常走的线路整治标准要求过高，这些公路两侧反复割草、干净整洁，但村内环境特别是背街小巷脏乱差；对公路沿线某村庄12户房屋“刷白墙”“加青瓦”，但对村内其他房屋未作任何整修，形成鲜明反差，整治工作变形走样。检

---

① 参见《中央层面整治形式主义为基层减负专项工作机制办公室、中央纪委办公厅公开通报3起整治形式主义为基层减负典型问题》，载人民网，http：//zzxszy. people. cn/n1/2024/0408/c458757-40211705. html，最后访问时间：2025年4月8日。

② 参见《中央纪委国家监委公开通报六起形式主义、官僚主义典型问题》，载中央纪委国家监委网站，https：//www. ccdi. gov. cn/toutiaon/202312/t20231227_ 317460. html，最后访问时间：2025年4月8日。

查考评过多过频、层层加码，某市实行“每月一暗访一通报、一季度一考评”，某县实行“每日一通报、每周一排序、每半月一评比、每月一奖惩”，某镇频繁开展督导检查、观摩评比，采取贴照片等方式通报排名靠前、靠后的村党支部书记，增加基层干部和群众负担。某市副市长、某县委原书记汪某某受到党内严重警告处分；某县委书记管某某，县民政局局长、某镇党委原书记陈某受到党内警告处分；某县农业农村局党组书记、局长黄某某受到党内严重警告处分，其他责任人员受到相应处理。

5. 某县委原书记张某某乱作为、假作为，搞“形象工程”“政绩工程”问题[①]

2017 年至 2023 年，某县委原书记张某某在乡村振兴迎检等工作中弄虚作假搞“面子工程”，花费大量财政资金在农业园区大门等位置安装大型电子显示屏、建设参观通道，多次组织养殖户临时集中以制造市场繁荣、交易活跃假象；在项目推进中重规模、轻效益，重立项、轻管理，导致大量资产长期闲置，浪费巨额财政资金。张某某还存在其他违纪违法问题，被开除党籍、开除公职，涉嫌犯罪问题被移送检察机关依法审查起诉。

① 参见《中央纪委国家监委公开通报六起形式主义、官僚主义典型问题》，载中央纪委国家监委网站，https：//www. ccdi. gov. cn/toutiaon/202312/t20231227_ 317460. html，最后访问时间：2025 年 4 月 8 日。

（八）在调研中搞形式主义、官僚主义

1. 某就业培训技术指导中心调研组赴基层调研搞层层多人陪同[①]

2024 年 10 月 16 日至 18 日，某就业培训技术指导中心一行 3 人赴某省两个县区开展劳务品牌建设工作调研。其间，对基层陪同人数缺乏严格把关，省、市、县、乡层层多人陪同，有时一个调研点陪同近 10 人，增加了基层负担。调研组先后考察调研国家历史文化名城、明清古街、千年古城墙等，一些调研点与调研主题明显不符。

2. 某省政协原党组副书记、副主席周某某在调研中搞形式主义、官僚主义，热衷舆论造势、做表面文章问题[②]

2016 年至 2021 年，某省政协原党组副书记、副主席周某某在任某地市委书记期间，搞“打卡式”“作秀式”调研，有时一天要调研十多个点，到调研点与基层干部握握手、说两句话、拍几张照后即离开，不深入群众了解、解决实际困难。在调研过程中挑剔吃住、专车开道，增加基层负担。热衷搞舆论造势，

---

① 参见《中央层面整治形式主义为基层减负专项工作机制办公室 中央纪委办公厅公开通报 3 起整治形式主义为基层减负典型问题》，载人民网，http：//zzxszy. people. cn/n1/2025/0209/c458757-40415290. html，最后访问时间：2025 年 4 月 8 日。

② 参见《中央纪委国家监委公开通报六起形式主义、官僚主义典型问题》，载中央纪委国家监委网站，https：//www. ccdi. gov. cn/toutiaon/202312/t20231227_ 317460. html，最后访问时间：2025 年 4 月 8 日。

支持他人写书宣扬其“功绩”，并安排财政资金购买该书，分发给干部学习。周某某还存在其他严重违纪违法问题，被开除党籍、开除公职，涉嫌犯罪问题被移送检察机关依法审查起诉。

（九）整改整治责任落实不到位，搞形式主义

1. 某自治州某市侵占耕地挖湖造景整改存在形式主义，问题反复发生①

2021 年 5 月，自然资源部公开通报某自治州某市有关企业违法占用耕地挖湖造景问题后，当地政府及相关部门整改态度不坚决，整改方式不系统，跟踪监管不及时，责任落实不到位，该企业 2023 年 11 月至 2024 年 4 月又在部分已整改的区域内蓄水形成水体景观，还顶风新占用 49.81 亩耕地建设人工湖、人工草坪等景观。2023 年 12 月，中央层面整治形式主义为基层减负专项工作机制办公室会同有关方面公开通报该省某县类似问题、省里部署开展检视整改后，某自治州、某市及有关部门未吸取教训，违法占用耕地挖湖造景问题在 2024 年 8 月被自然资源部再次通报。对于中央有关部门通报的问题，相关省级职能部门存在举一反三、面上推动整治不够，对基层整改工作指导督促不力等问题。

---

① 参见《中央层面整治形式主义为基层减负专项工作机制办公室 中央纪委办公厅公开通报 3 起整治形式主义为基层减负典型问题》，载人民网，http：//zzxszy.people.cn/n1/2024/1112/c458757-40359182.html，最后访问时间：2025 年 4 月 8 日。

2. 某区规划和自然资源局推进违法用地整改简单化，某街道在整改工作中搞形式主义问题[①]

2023 年 5 月，某市规划和自然资源局要求各区（市）县对一批违法用地问题进行整改。某区规划和自然资源局要求相关镇、街道 2 天内完成对部分违法用地的拆除复耕等工作，但未明确整改具体标准，督促指导不力。某区某街道在未准确掌握复耕复垦标准的前提下，工作简单化，决定采取移栽玉米苗的方式，对辖区内某广场 8.69 亩耕地“非农化”问题进行整改。该街道某社区具体组织实施，未对绿地进行复垦，简单采取开挖草皮、移栽挂穗玉米等方式，应付式解决耕地“非农化”问题。某区规划和自然资源局、某街道、某社区负责人和其他相关责任人分别受到党纪政务处分和组织处理。

① 参见《中央纪委国家监委公开通报十起加重基层负担的形式主义、官僚主义典型问题》，载中央纪委国家监委网站，https：//www.ccdi.gov.cn/toutiaon/202307/t20230711_274599.html，最后访问时间：2025 年 4 月 8 日。

图书在版编目（CIP）数据

整治形式主义为基层减负规定手册 ：含典型案例 / 中国法治出版社编. -- 北京 ：中国法治出版社，2025. 4（2025. 8 重印）. -- ISBN 978-7-5216-5131-7

Ⅰ. D261. 3

中国国家版本馆 CIP 数据核字第 2025JM6935 号

责任编辑：李宏伟　　封面设计：杨鑫宇

整治形式主义为基层减负规定手册：含典型案例

ZHENGZHI XINGSHI ZHUYI WEI JICENG JIANFU GUIDING SHOUCE：HAN DIANXING ANLI

经销/新华书店

印刷/三河市紫恒印装有限公司

开本/880 毫米×1230 毫米　32 开　　印张/5. 5　字数/98 千

版次/2025 年 4 月第 1 版　　2025 年 8 月第 9 次印刷

中国法治出版社出版

书号 ISBN 978-7-5216-5131-7　　定价：20. 00 元

北京市西城区西便门西里甲 16 号西便门办公区

邮政编码：100053　　传真：010-63141600

网址：http：//www. zgfzs. com　　**编辑部电话：010-63141804**

市场营销部电话：010-63141612　　**印务部电话：010-63141606**

（如有印装质量问题，请与本社印务部联系。）